JN061061

たったひとりでも、地方議員になれる

古谷健司

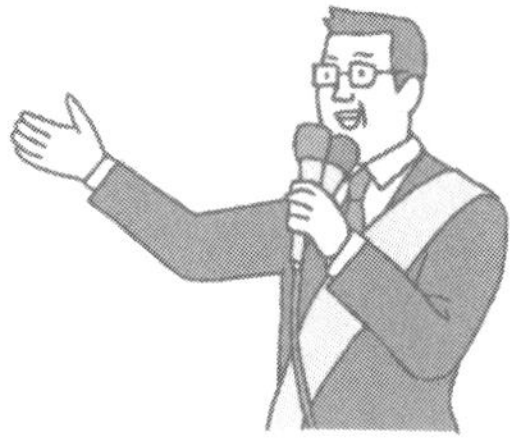

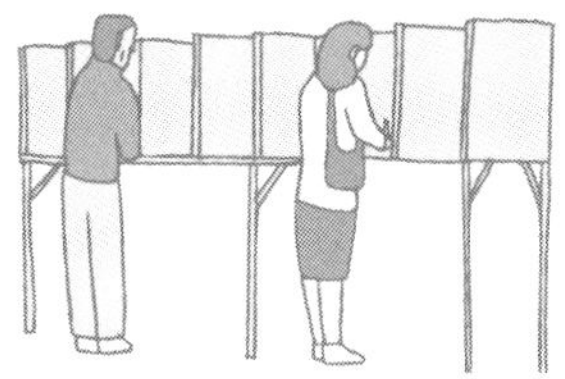

日本地域社会研究所

コミュニティ・ブックス

はじめに

やりがいのある仕事なのに、なぜ——。地方議会のリアルと課題

市区町村議会議員は、市区町村の住民の生活に大きな影響を与える責任のある仕事です。最近では、小中学校の給食費無償化や高校生までの医療費無償化、災害時の対応を決定するなど、身近で、なおかつ重要な責務のある、とてもやりがいのある仕事です。

ところが、市区町村議会議員、特に、町村議会議員は「なり手不足」の問題が深刻化しています。

私は、東京都町田市の市役所に37年勤務し、そのうちの30年間を町田市議会事務局に在席し、市議会の運営および議会改革に携わっていました。そうした仕事柄、全国のさまざまな自治体の議会運営や状況の情報を知ることになりました。なぜ、町村議会議員はなり手がないのか——。

一番大きな要因として、市区町村議会議員には、普通の人ではなることができないと思われていることが考えられます。しかし、本当は市町村議会議員は特殊な人間なのではなく、まちがいなく普通の人たちです。

そして、市区町村議会議員という仕事は、誰でもできる仕事です。ただ、普通の人間ではあるけれども、①地域における人脈（後援会）、②知名度、③お金、の三つを持っている議員がほとんどだということも事実です。俗にいう、地盤、看板、鞄です。

たった一人でも地方議員になれる方法がわかる本

町村議会議員のなり手不足問題には、ほかにもいくつか考えられる要因はあるのですが、こうした状況を打破できないか、やりがいのある仕事に挑戦する方法はないのか——。町田市の市役所に勤務し、町田市議会事務局で仕事を続けるなかで、私は、なり手不足が深刻化している町村議会議員になって、地方政治にかかわりたいという思いを抱くようになりました。検討の結果、昔よく遊んでいた、大好きな二宮町（神奈川県）で実行しようと決めましたが、私には二宮町に地盤も看板も鞄もありません。

しかし、それでも、選挙で当選することができたのです。政治活動を始めた令和４（２０２２）年４月時点で、①二宮町に私を知っている人は一人もいなかったし、②当然、知名度はゼロ、③お金は、この選挙に使う経費として50万円持っていただけです。町村議会議員はなり手不足であるといっても、町民の方々にわざわざ投票所まで足を運んで名前を書いてもらわなければ当選しないのですから、簡単なことではありません。また、町田市の市議会事務局に勤務していたといっても、議会運営に関する経験はありますが、立候補して選挙運動をし、議員になるノウハウなんて持っていません。ましてや、他の立候補者の方々は全員、二宮町のそれぞれの地域を代表して出てきているような方たちなので、人脈も知名度も申し分ないのに対し、私は数カ月前に転居してきた、いわば「よそ者」です。

この本に、私が二宮町議会議員選挙で当選するために行なったことのすべてを書き込みました。選挙は基本的には一人での戦い。派手な選挙戦ではなく、コツコツと地道な活動の積み重ねですが、市区町村議会議員になりたいと考えている方のお役にたてればと思い、書きました。

どうぞ、皆さんの力で、地方政治を良くしてください。そして人生を楽しんでください。

目次

二宮町議会議員選挙に立候補しようと決めてからのさまざまな準備と選挙運動などのスケジュールです。手続きや段取りが煩雑なので一覧表にしました。

一番右の欄は本書での主な掲載ページです。

	日　時	内　　容	ページ
①	4月　1日(金)	二宮町の実態調査（議会会議録やホームページを調査）	13
②	5月 24日(火)	写真を撮る（選挙期日前6箇月以内の写真が選挙公報掲載の規定）	32
③	6月　1日(水)	二宮駅で朝立ち開始　(6月６日(月)からビラも配り始める）	22
④	6月　6日(月)	印刷会社から自宅に送付1,000枚	18
⑤	6月　9日(木)	印刷会社からポスティング会社に送付21,000枚	18
⑥	6月 13日(月)	全戸配布10,500枚（案件が達成し、記載内容が変わった為中止）	18
⑦	6月 22日(水)	参議院議員選挙の公示	18
⑧	7月　6日(水)	印刷会社が新しいビラをポスティング会社と自宅に送付	21
⑨	7月 10日(日)	参議院議員選挙	19
⑩	7月 11日(月)	また新しいビラを持って朝立ち開始（11/19までの平日毎日）	27
⑪	7月 14日(木)	新しいビラを二宮町に全戸配布	21
⑫	7月 22日(金)	選挙公営制度説明会（出席できなかった）	74
⑬	7月 26日(火)	初めてビラにコラムを添付し配布	28
⑭	7月 29日(金)	神奈川県選挙管理委員に「政治団体設立届」提出、遡って受理	40
⑮	8月 29日(月)	立て看板を3枚インターネットで依頼	37
⑯	9月　9日(金)	立て看板が、3枚送付される	37
⑰	9月 13日(火)	立て看板の設置のため選挙管理委員会に申請	37
⑱	9月 13日(火)	選挙管理委員会より立て看板用政治活動用事務所証票を3枚交付	37
⑲	10月　7日(金)	神奈川県選挙管理委員に「届出事項等の異動届」提出	41
⑳	10月 11日(火)	二宮町議会議員選挙立候補予定者事前説明会	78
㉑	10月 11日(火)	選挙公報掲載文原稿用紙と選挙公報掲載申請のしおりを受取る	47
㉒	10月 13日(木)	ポスター掲示作業を専門業者に依頼	53
㉓	10月 14日(金)	法務局二宮支局で手続をし１５万円を支払い供託書をもらう	131
㉔	10月 17日(月)	千葉県のT会社にハイヤー方式を依頼	63
㉕	10月 18日(火)	運転手用のホテルを予約（11/14～11/18分）	64
㉖	10月 19日(水)	選管と1回目の事前相談時、選挙公報掲載申請書は了承をもらう	47
㉗	10月 19日(水)	選管との１回目の事前相談で書類全般を提出	81
㉘	10月 25日(火)	看板作成会社に街宣車看板作成の見積を依頼	58
㉙	10月 28日(金)	ポスター掲示業者にポスター掲示場設置図面と一覧表を送付	54
㉚	10月 29日(土)	ハイヤー方式の契約書作成、積載の許可申請をT社が作成	64
㉛	11月　2日(水)	再度選管と事前相談で、選挙公報掲載文と写真の確認、提出	47
㉜	11月　4日(金)	T社が設備外積載許可申請書を所管警察署に提出（11/7期限）	70
㉝	11月　8日(火)	印刷会社が、ポスターをポスター掲示作業者に送付	54
㉞	11月　8日(火)	印刷会社より届いたポスターとビラを選管に提出	81
㉟	11月 10日(木)	看板作成会社が、T会社に街宣車看板を発送、到着	60
㊱	11月 10日(木)	業者作成の一般乗用旅客自動車運送事業者契約書を選管に提出	81
㊲	11月 10日(木)	業者作成の選挙運動用ポスター作成事業者契約書を選管に提出	81
㊳	11月 10日(木)	業者作成の選挙運動用ビラ作成業者契約書を選管に提出	81
㊴	11月 15日(火)	告示日	112
㊵	11月 15日(火)	1,600枚の証紙をビラに貼る。ポスター掲示業者がポスター貼る	117/122
㊶	11月 16日(水)	証紙を貼ったビラを朝日、読売専売所等に持ち込む	115
㊷	11月 18日(金)	証紙を貼ったビラが二宮町海岸側に新聞折り込みされる	115
㊸	11月 20日(日)	投票日、朝早めに投票所	129
㊹	12月　7日(水)	指定した口座に供託金の１５万円が振り込まれる	132

第一章　準備編その１
まずは自分を知ってもらうための活動

1　たった一人の力でも、二宮町議会議員になりたい

「はじめに」にも書きましたが、私にはずっと、地方政治にかかわりたいという思いがありました。東京都町田市の市役所に37年間勤務し、そのうちの30年間を町田市議会事務局に配属され、議会事務局長まで務めました。一般に異動が多い公務員にあって、そんなに長い期間、同じ部署に配属されるのはめずらしいことで、そんなこともあり、地方議会は大変身近な存在でした。

町田市議会事務局の仕事では、市議会の運営および議会改革に携わりました。なかでも議会改革には力を注ぎ、議会事務局長時代の２０２０年、２０２１年には議会改革ランキング（情報共有）において、全国1位を達成。自分でも全国の自治体の議会の情報を集めましたし、全国から１０００もの自治体から町田市議会に視察に来てくださり、交流させていただくなかで、地方議会が抱える諸問題、課題を知ることになりました。

次第に、定年退職したら、市区町村議会のなかでも特になり手不足の問題が深刻な町村議会議員になろうという思いが出てきて、いつしかそれは目標になりました。しかし、議会の運営の仕方はわかっていても、地方議会議員選挙、いわゆる一般選挙についてはまったくのド素人。何から手をつけたらいいのかまったくわかりません。

自分一人の力で選挙が戦えるのか、地方政治で自分が何ができるのか、と考えることはありましたが、とにかくにも、地方議会の議員になり、中に入って、やってみたいと思ったのです。

どこで議員になるのか――。ぱっと頭に浮かんだのは神奈川県の二宮町。神奈川県の湘南西部に位置し、大磯町や小田原市に隣接する、人口約２万７０００人の小さな町です。

東京商船大学（現・東京海洋大学）時代、よく二宮の海で遊んでいたので、馴染みもありました。とはいえ、親しい人、頼れる人がいるわけでなく、すべて一人で選挙の準備をしなければなりませんでした。本当の一人。令和４年３月31日までは市役所に勤務していたので、実際に選挙活動を始めたのは４月１日からです。

一人で選挙活動をするにあたり、まず最初にやったのは、現在の二宮町のことを知るために、二宮町議会の実態調査を行なうことでした。今の二宮町はどんな町か、何を行なっているのか、自分が二宮町のために何ができるか､何をすべきかを考えるために､二宮町議会会議録や二宮町議会委員会議事録等を二宮町のホームページなどで調査したのです。

１カ月間かけて自分が二宮町でしたいこと８部門、20項目を決定。実際には１００項目近くあったのですが、なんとか20項目に絞り込みました。実は、この１００項目あったものから20項目に絞ったということも、大事な作業だったように思います。とにかく思いつくものをすべて書き出して、そこから厳選し、まとめていく過程が自分にとって意味のある時間だったと考えるからです。はじめから20項目くらいでいいか、と思って作業をすすめるよりも、ずっと濃く、住民の生活に密着したものになったと思います。

そしてこれを「古谷けんじが考える　暮らしたいまち、住みやすいまち」としてまとめ（次ページ）、次項でお話しする政治活動用のビラを作成しました。

（学校避難所に夜間照明、発電機と段ボール製パーテイションの設置、学校の体育館にエアコンの設置、学校の教室の活用整備）

・避難所に、備蓄食料、簡易トイレ、生理用品等の十分な確保

・地域集会施設の、耐震診断を行い、設計や改修工事の実施

・ペットと同行避難のマニュアル等の見直し（ペットフードの備蓄、ペット避難スペースの拡大、ペット同行避難訓練の充実）

6、観光で賑わうまち

・観光資源を活用して、都心から７０分で行ける旅行「マイクロツーリズム」で観光を活性化させます。ふるさと納税の活用

7、町民と話し合い決定する新庁舎建設・駅周辺公共施設再編計画

・町民とじっくり話し合い決定する二宮町民が最も便利で利用しやすく、また、駅前に賑わいが戻るような新庁舎建設・駅周辺公共施設再編を計画

8、通勤しやすいまち

・朝のラッシュ時の「二宮駅始発上り電車の増発」

・「二宮駅ホームを増設」し、利用者の混雑時の安全・快適性の向上

古谷けんじが考える
暮らしたいまち、住みやすいまち

１、教育のまち

・放課後子ども教室の充実に取り組み、すべての学年の学習支援
・小・中学校給食の完全無料化
・ＩＣＴ機器を活用して、だれ一人取り残さない教育活動
・各小中学校の施設を修繕し、安全・安心して学べる環境の維持
・町内に図書室を増設

２、子どもを産み育てやすいまち

・待機児童ゼロの達成
・小児医療費助成事業において、保護者の所得制限の撤廃

３、コミュニティバス等の充実で、お買物が便利なまち

・スーパーまでのコミュニティバスの延伸
・コミュニティバスとデマンドタクシー（乗り合いタクシー）を融合
・高齢者などの移動困難者の買い物や通院を支援する組織の活動の応援

４、高齢者・障がい者・低所得者・ひとり親家庭が安心して暮らせる支援の充実したまち

・誰もが住み慣れた地域で安心して暮らしていくため見守り意識の向上

５、災害に強いまち

・避難所として長期間多くの町民が快適に避難できる避難所設営準備

2　政治活動用のビラ

①まずは業者の選定から

今までビラを作成したことなどありませんでしたので、どこの業者さんに頼んでいいのかわかりませんでした。そこで町田市議会議員の佐藤和彦議員に相談して、議員の利用しているコムネッツ株式会社さんにお願いすることにしました。本来はいろいろな業者さんを見て価格なども調べてから依頼すべきですが、参議院議員選挙の公示のある6月22日より前にビラを持って街頭に立ちたかったので、信頼してコムネッツさんにお願いしました。ビラのデザインは、佐藤議員の許可をもらってほぼ同じにさせてもらいました。

②ビラの掲載内容と体裁

ビラに掲載する内容ですが、自分の名前、政党・所属、プロフィール、キャッチコピー（自分の主張したいことやスローガン）、自分は何をしていきたいかという文章（400～500字）、これらが表面です。裏面は、何をすべきか決めた項目として8部門、さらに細かくまとめた小項目20項目（政策・マニフェスト）です。

そして一番下段に政治団体、住所、電話番号、メールアドレス、ビラのナンバー等を記載します。9月頃になってやっとブログを作ることができたので、表面にブログのQRコードをつけることができました。

ビラの作成日は、毎月出すなら入れたほうがいいと思いますが、年に1〜2回なら入れないほうがいいと思います。難しいところです。

紙の種類は1000枚当たりの重さで分類されています。紙が薄い＝安いのかと思っていましたが、そういうことではないと初めて知りました。最も一般的な紙の厚さである「90kg／1000枚」が一番安くできるとのことだったので、これを使用することにしました。一番出回っている紙が安いということなのでしょう。

紙は1000枚あたりの重さで表示されていて、重量が軽いほど紙が薄いということになります。58kg／1000枚や73kg／1000枚のほうが高額になってしまうとのことでした。

最初につくった政治活動用のビラ

③ 印刷発注と、ポスティングを急ぎたかった理由

ビラの印刷を5月上旬に発注。その後6回の内容校正と細かいデザイン修正を行ないましたが、コムネッツさんは快く応じてくださり、しかもすぐに校正・修正をしてくれました。その結果、5月27日（金）に

校了でき、6月6日（月）までに街頭立ち用の1000枚のビラを自宅に送ってもらい、残りの2万1000枚はポスティング会社のポスコムさんに直接送ってもらいました。ここからは時間との勝負でした。

ポスティング会社のポスコムさんは、「月曜日までに会社に届いたビラを木曜日から配り始める」というスケジュールです。印刷会社のコムネッツさんが迅速に対応してくださったおかげで6月9日（木）までにポスコムさんに送ることができたので、6月13日（月）の締め切りに間に合いました。

これで、16日（木）から二宮町の全戸配布を始め、19日（日）までに配布を終わらせてもらう予定でした。

なぜ19日までに終わらせたかったかというと、6月22日（水）が参議院議員選挙の公示でしたので、公示以降の参議院議員選挙運動期間中にその選挙に出ない者が政治活動のビラを配ったら、混乱を招き、住民の方は誤解してしまうでしょう。そのため、22日よりも少しでも早く配布したかったのです。参議院議員選挙は7月10日（日）なので、ここを逃すと7月中旬までビラを全戸配布できなくなってしまうので、急いで配布したかったという訳です。ところが……。

④私が考えていた政策の1つが、議会で決定？ 政策ビラのポスティングを中止、廃棄せざるを得ない状況に

6月1日（水）から二宮駅で朝のあいさつ活動を開始し、6日（月）からは政策ビラも配り始めました。するとすぐに、これを読んだオブズマンの方から、「小児医療の無償化の実現」は実現してしまったので実現していないというのは間違いであり、この間違いはあなたにとって命とりなので削除したほうがいいというメールが届きました（14～15ページ「古谷けんじが考える　暮らしたいまち、住みやすいまち」参照）。

３月の町長の施政方針に「小児医療費助成事業における保護者の所得制限の撤廃を行なっていきたい」と書かれていたので、二宮町はまだ小児医療費の完全無償化をしていないのかと思い、ビラに載せたのですが、ビラの準備の間に達成してしまったという訳です。

命とりだと言われても、２万１０００枚印刷するのに14万６６３０円も支払っています。これは全世帯の全戸配布１万５００枚の２回分で、参議院議員選挙の公示６月22日（水）の前までに１回、参議院議員選挙の投票日７月10日（日）以降に１回の計２回配布する予定のビラだったので、そう簡単には廃棄できません。しかし誤った情報を町民の方々にお知らせするのはやってはいけないことなので、ポスティング会社のポスコムさんに廃棄のお願いをしました。悲しかったです。

⑤新しいビラの作成。発行月を入れるメリット・デメリット

そして、新しいビラの作成に入らなくてはなりません。一番初めに作成したビラは、私のシンボルカラーである緑色が背景で文字は白ヌキにしましたが、このビラと区別したかったので色を逆転させ、白を背景に使用し文字は緑にしました（本書では白黒になっているのでわかりにくいですが、次ページをご参照ください）。

また、前回のビラに６月の初めの日付を入れていれば、６月定例会で小児医療費助成事業における保護者の所得制限の撤廃が決定する前に作成したものだとわかるため、２万１０００枚を廃棄する必要もなかったので、今回は表面の右上に「２０２２年７月号」と大きく入れました。これでこのあとに内容文の中の目標が達成したとしても、このビラは７月に作成したものだとわかるので大丈夫です。しかし、あとで気づいたのですが、７月号と入ったビラを９月には配れないということです。かといって、１～２カ月に１回、新しいビラを作っ

ていたら作成費用が大変です。「7月号」と入れるのは、諸刃の剣ということです。

2022年7月号
無所属
古谷《ふるや》
けんじ
健司
PROFILE
1962年　寅年生まれ
1985年　国立東京商船大学（現国立海洋大学）卒業
1985年　町田市役所入庁（町田市教育委員会）
1992年　町田市議会事務局
2004年　東京都議会局議案法制課出向
2014年　町田市議会事務局次長（部長級）
2015年　町田市議会事務局局長
2022年　町田市役所定年退職
より住みやすい町に
二宮町をより住みやすく、より多くの人々に選ばれる町とするために、先ずは将来を担う子ども達の教育に力を尽くしていきたいと考えています。「二宮町の子ども達の学力を全国1位に」、「二宮町を教育の町にしたい」、これが私の願いです。そのために「放課後子ども教室の充実、すべての学年の学習支援」を行い、誰一人取り残さない教育活動を推進してまいります。また同時に、「小・中学校給食の完全無料化」、「待機児童ゼロの達成」も急務と考えます。
私は、東京都町田市の教育委員会及び議会事務局に37年間勤めていました。前職での経験を活かし、町民のみなさまと話し合いを重ねつつ、しがらみ等の無い自由な意志で「住みやすさで選ばれるまち、二宮」を目指し、邁進してまいります。

新しい政策ビラでは、前回の反省もふまえ、右上に2022年7月号と大きく入れた。しかし本文でも書いた通り、メリットもあるが、デメリットもあり、悩ましいところ。

⑥街頭で配るビラは三つ折りのほうが配りやすい

この白地のビラを7月6日（水）にコムネッツさんからポスコムさんに送ってもらい、当初の2回目の配布予定だった7月14日（木）から二宮町に全戸配布してもらいました。

さて、次にビラを折るかどうかです。

ここで大切なのは、ポスティング用のビラは、Ａ４サイズを開いたままのほうがポスティングしやすいのですが、街頭で配るビラは三つ折りにしたほうが手渡ししやすく、受け取ってもらいやすいということです。よって、２万１０００枚のポスティング用はそのまま折らずに、１０００枚の配布用は三つ折りにしてもらいました。私は初めわからなかったので、両方折らずに納品してもらいましたが、Ａ４サイズのまま街頭で配るのは難しく、その場で折って渡すと、きたなく折れてとても見た目が悪く嫌でした。仕方なく、１０００枚の残りを自宅で三つ折りにしましたが、綺麗に折るのはけっこう大変な作業。

また、一度、印刷依頼をしてしまったら、その後、三つ折りに変更を依頼しても変更ができません。三つ折りにしたければ、印刷前の校正・内容の校了の時点までに三つ折りを指定しなければならないのです。印刷屋によって異なると思いますが、１０００枚印刷してもらう際、三つ折りをお願いすると、三つ折り代は1枚あたり2.7円ぐらいです。印刷だけにかかる費用は1枚3.5円ぐらいですから、三つ折り代はちょっと高いなと感じます。経費を節約するには、用途によって、三つ折りにする枚数を考えて発注するほうがよいでしょう。

3　二宮駅での朝のあいさつ活動

①6月1日（水）から二宮駅での朝立ちを開始

朝、駅に立って、政策ビラを配ったり、ごあいさつする活動を選挙用語で「朝立ち」といいます。まずは6月1日（水）から二宮駅に立ちはじめ、6月21日（火）まで続けました。立つ時間は、月曜日から金曜日の午前6時から8時15分まで。6月22日（水）から7月10日（日）までは、参議院議員選挙期間中だったので休み、その間（7月6日）に私のところにも三つ折りされたビラが1000部届きましたので、参議院議員選挙の投票日が済んだ翌日7月11日（月）から再び駅前に立ちました。

②二宮駅の朝立ち場所は3カ所

二宮駅には改札口が1カ所しかありませんが、改札口に行くための階段が、北口に2カ所、南口に1カ所、計3カ所あります。

二宮駅南口にはエスカレータがあり、バスターミナルと町民の送迎用車のロータリーが一カ所に混在しています。南口は海側なので歩いて駅に来る町民も多く、ビラをよく受けとってくださいます。次に二宮駅北口は、エスカレータのある西側の階段と、二宮町内の団地等から来るバスが頻繁に乗客を降ろす降車専用バス停のある東側の階段があります。この３カ所で順番に朝立ちしましたが、それぞれに特徴があったので、それをご説明します。

③あいさつがしやすい二宮駅南口のエスカレータ下

二宮駅南口は中井町発のバスの終点でもあり、朝のバスはいつも満員で到着します。はじめに降りてこられる乗客はバスの中で立ってきた方なので、終点近くの二宮の住民の方が多く、座ってきた乗客の方は始発近くの中井町の方が多いと思います。また、歩いて駅に来る方や、階段のすぐ横にある立体式の自転車置き場に自転車を置いて駅に来る方もいらっしゃいます。徒歩と自転車が合わせて７割、バスに乗って来る方が２割、車で送ってもらってくる方が１割です。徒歩と自転車で駅に来る方たちはばらけているので、一人一人の顔を見ることができ、対応しやすい状態です。エスカレータの上り口に立てば、ほとんどの人にあいさつをすることができ

二宮駅南口のエスカレータ下

ます。また、一対一で会話ができる場所でもあります。「6月から立っていれば選挙に当選するよ」とか、「よそ者は当選しないからやめたほうがいい」、「新庁舎建設に反対」、「夜になると駅前が暗いから明るくしてほしい」など、いろいろなことを教えてもらいました。ビラに新しいコラム（後述）を付けたかと聞いてくださり、新しく付いたらもらってくださる方も徐々に増えました。

④ 学生が多く、近くを小学生も通る二宮駅北口の西側のエスカレータ

二宮駅北口の西側のエスカレータがある階段は、目の前に車で送迎できるロータリー（転回場）があり、大変多くの方（毎朝6時から8時15分の間に100台以上）に利用されています。それ以外は、駅から少し離れた二宮駅北口自転車駐車場から来られる方と、徒歩で横断歩道を渡ってこられる方とに分かれ、車送迎が6割、自転車が2割、徒歩が2割ぐらいの割合です。ロータリーで車から降りられる方は大半が1～2人で、親子でロータリーから走る方が多いようです。また駐輪場から来る方は、走ってくる学生や小走りで急ぐ幼児連れの女性の方が多めです。走ると駐輪場から駅北口のエスカレータまで私の足でも90秒程かかりますが、けっこう辛いものです。横断歩道を渡って来られる方は、南口と同様に一人で歩いてくる方が多いようです。

ここでは、いろいろな方向から来られるので、全員に声がけするのは難しい状態でした。エスカレータの上り口でロータリーから来られる方と駐輪場から来られる方を中心に対応し、横断歩道から来られる方は気がついたら大きめな声で遠目からあいさつします。走ってこられる方にはビラは控えめに手を伸ばし、あいさつだけ行なうように心がけました。ここも集団ではない分、あいさつを返してくれる方が多めです。特に他のところより学生が多いので、「行ってきます」と返してくれる学生が多くいます。ロータリーを使用している方の

中には二宮町以外の方がいるかもしれません。

しかし、選挙権を持っている、いないに関係なくすべての方にあいさつしたほうが気持ちがいいです。小学生にもしっかりあいさつをしましょう。どういうふうに家庭で話題になっているかわかりません。

あと、ロータリーで車から降りてくる方は、車から降りるとき、物を落とされることがあります。全員をチェックするのはなかなか難しいですが、何か落とさないか見ていてあげるといいと思います。特に雨の日は、落とす確率が高くなります。傘を差す人はほとんどいませんが、手に持っているものが多くなりますし、雨に濡れないように走りますので注意して見ていてあげましょう。落とした人に大声で教えてあげると皆さんすごく喜びます。特に定期などを落とした方は、走りながら何度もお礼を言って行かれます。本当に良かったと心から思えます。

この階段は午前８時を過ぎると、集団登校の小学生が山ほど通ります。私ののぼりを見て名前を呼んでくれるのでとても楽しかったです。投票日近くになると何人もの立候補者の方が駅に立たれましたが、たいてい８時には帰ってしまうので、この小学生とのやりとりを知る立候補者は少ないと思います。私だけのとても楽しい思い出です。

楽しいといえば８時前後は二宮高校に通学する学生が通りますが、高校生が「おはようございます。がんばってください」と声をかけてくれることも徐々に多くなり、とても嬉しかったです。男子生徒などは、「古谷さん、がんばってください」と４～５人が声をそろえて、私の名前も呼んで声がけしてくれることもよくあり、こちらも朝立ちして楽しいと思える瞬間でした。２時間以上も立っていた疲れも吹っ飛びます。

⑤バスから大勢の人が降りる二宮駅北口東側の階段

最後に二宮駅北口の東側の階段ですが、二宮町内の団地等から来るバスが頻繁に乗客を降ろす降車専用バス停があるので集団で階段に来られます。集団だとこちらからあいさつしても薄まってしまって、自分に対してのあいさつではないと思いますので、ほとんどあいさつを返してもらえません。通常は一人ひとりの方の目を見てあいさつをしていますが、バスから集団で降りてこられるときはもはや、一人ひとりの目を見ることもできませんので、全体に向かって「おはようございます！」「いってらっしゃい！」と声がけするしかありません。

それでも慣れてくると、全体を見ながらその中の優しそうな方に向けてあいさつをするようになりました。自分に向けてあいさつを投げてきているのがわかる方も少なからずいて、ちらっとこちらを見て集団の中から会釈をしてくれる方もいるのでそういうときは感激です。しかし、全体でみると、集団対一人にならざるを得ず、こちら側としては少しさみしい感じがします。この階段が一番苦手な朝立ち場所でした。

このように同じ駅でも、徒歩や自転車で駅に来る人、混雑したバスから大勢の人が降りてくる場所、学生や子どもが多い場所など状況はさまざまです。駅を利用する人は、朝、急いでいます。でも、あれだけの人数が通る場所で活動しないという手はありません。場所に応じて、朝、急いでいる人の邪魔にならないように、なおかつ、自分をアピールする方法を皆さんそれぞれ探ってみてください。

自分なりのやり方が見つかると、いい結果につながると思います。

4　ビラを受け取ってもらうために、途中からコラムを添付

①　7月11日（月）から二宮駅の朝立ちを再開

さて、ビラの話にもどります。

7月11日（月）から新しい白いビラを持って再び朝に立ちはじめました。14日（木）からは1万５００世帯に全戸配布も行ないました。初めは、１回の朝立ちで60～80枚くらいのビラを受け取っていただいたと思います。３カ所を順番に回って立ちますので、２週間で1所に2～3回立てることになり、この初めの２週間で、日に60～80枚とすると、全部で６００～７００枚ぐらいを受け取っていただいた計算になります。

ところが、2週間を過ぎるとパタッと受け取ってもらえなくなりました。ある日、「ビラは何枚も家にあるよ」と言ってくれる方がいました。考えてみれば当然です。同じビラを毎日配っているわけですから、受け取ってくださる方は2週間で最大3枚たまります。自分の政策を知ってもらうためのビラですから、多くの方に受け取ってもらいたいのですが、何枚も持っているのに同じビラをまた受け取ってもらうのでは申し訳ありません。

これは、６月の初めに配っていたときも感じていましたので、何とかしたいと思いました。

② 途中からビラにコラムを添付

そこで、ビラに書いていない政策の詳細を６００字程度のコラムにして、ビラにホッチキスでつけて配るようにしました。囲み罫の中に裏表で６００字。裏面にはできるだけ写真も入れるようにしました。写真入りで６００字程度なら、電車が来るまでにホームで読めるかなと思ってのことです。これなら自分でＡ４用紙に両面で印刷し、カッターで切ると１枚から３部できるのでとても安価です。

初めてコラムを添付したのは7月26日（火）で、そのときのコラムの題名は、「新庁舎・防災センターの建設を！」です。以来、政治活動ができる11月15日（火）の告示の前日まで、平日朝立ちした１１０日間の間に16種類のコラムをつけましたので、概ね１週間に１回の割合で更新していたことになります。

ただ、このコラムが新しくなったことを通勤・通学する町民の方々に気づいてもらわなくてはなりません。口で言えるのは、「おはようございます。気をつけて行ってらっしゃい」で精一杯です。「コラムが新しくなりました。」までは言えま

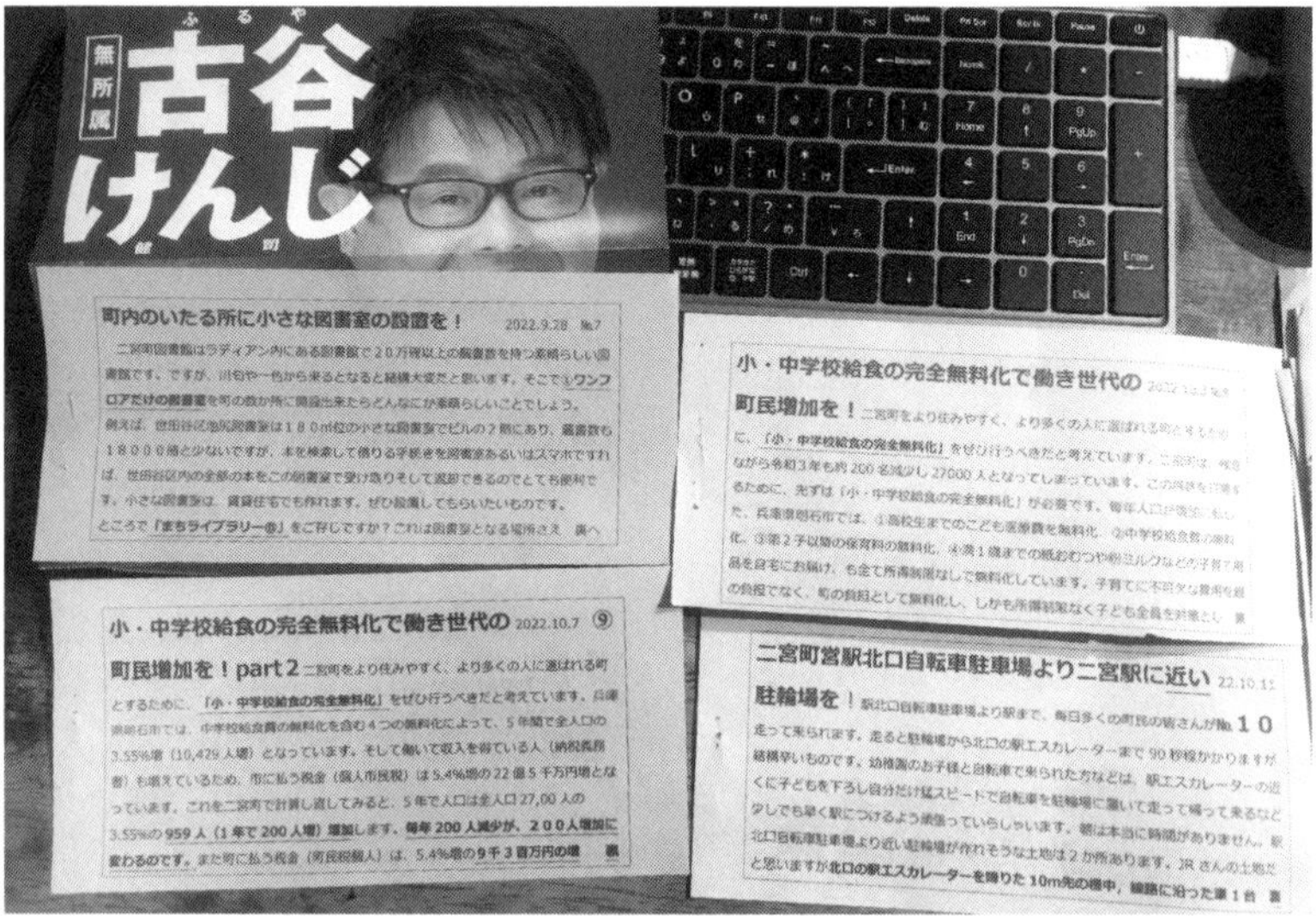

自分が行ないたいと思う政策をコラム風にまとめて、政策ビラに添付した一例

せん。初めはコラムに見出しをつけていませんでした。そこで、見出しをつけて内容が変わったことを知ってもらおうとしましたが、どうもそこまで見ている方は少ないようでした。見出しのフォントサイズを24まで大きくしましたが、これでも気づいてくれる人は少なかったです。

　そこで次にコラムを印刷する紙の色を変えてみました。5色のＡ４用紙を購入してコラムの種類毎に色を変えました。これで3分の１くらいの方は気づいてくれたようですが、まだ、「新しくなった？」「何枚ももらったよ！」と言われる方が後を絶ちません。このあとも、表面の一番見える所に大きくコラム番号を入れたりしました。しかし、コラムが更新されていることに気づいてくれた方は、半分くらいだと思います。それでも、コラムをつける意味はあると思っていました。当時、私は二宮町議会に議員として参加していなかったので、二宮町議会報告はできませんが、町民の方々に自分はどんな政策を行ないたいのかを訴えていくことはできると考えてのことでした。

途中からコラムの裏側に写真を入れるようにし、読みやすさを工夫

■コラム題名と配布開始日

1．新庁舎建設・防災センターの建設を！（7／26）
2．新庁舎建設・防災センターの建設を！②（8／19）
3．急ぎ防災センターの建設を！（8／29）
4．小・中学校の女子トイレに生理用品の設置を！（9／1）
5．避難所として使用する小・中学校の体育館に空調設備（エアコン）を！（9／2）
6．ペット避難スペースの拡大、ペットフードの備蓄！（前もって、避難場所に自分のペットのペットフードを預けておける）（9／12）
7．町内のいたる所に小さな図書室の設置を！（9／20）
8．小・中学校給食の完全無料化で働き世代の町民増加を！（10／3）
9．小・中学校給食の完全無料化で働き世代の町民増加を！②（10／5）
10．二宮町営駅北口自転車駐車場より二宮駅に近い駐輪場を！（10／11）
11．二人の写真が写った（2連）「のぼり」は、政治活動で使用することができます！（10／17）
12．北口ロータリーから駅エスカレータの間に雨除けの屋根を（10／17）
13．駅前に名産品を集めた店舗の設置を！（10／24）
14．駅前商店街をもっと明るく！（10／24）
15．放課後子ども教室の充実、すべての学年の学習支援【子どもたちの学力を全国1位に！】（10／31）
16．今まで提案した案件を二宮町と相談しながら実現できたらどんなに素晴らしいことでしょう！（11／9）

③9月から夜も二宮駅に立つ

9月に入ってからは、午後7時半から8時半まで夜も駅頭に立ちました。

ただ、塾の講師をやっているため夜のラッシュのピークとなる午後6時から7時半くらいに立てないことや、ピークといっても朝と違って帰宅時間はさほど集中していないので、効果が薄いような気がしました。あとはもともと議員の朝立ちの習慣がない町だったので、朝だけでも煙たがられることがあったのですが、夜になるといっそう煙たがられて、うっとうしいという声もたびたびいただきました。夜なので、酔っぱらいにからまれることも何度となくありました。

そんな中、「遅くまで大変ですね。お疲れさまです」という、夜にしか聞けない言葉をかけてくださる方も何人もいて、本当に嬉しかったです。

■政治活動と選挙運動の違い■

政治活動

①政治上の目的を持って行われる一切の活動のこと。

②活動の制限は、文書の掲示など制限はあるが原則自由で、事前活動にあたらない活動ならよい。

③期間は告示日まで。

選挙運動

①特定の選挙で、特定の候補者の投票を得る又は得させるために、直接・間接を問わず選挙人にはたらきかける行為。

②活動の制限は、公職選挙法により厳しく規定。

③期間は選挙運動期間中のみ（告示日に立候補の届出が受理された時から投票日の前日まで）。

5 選挙用写真の撮影

話が前後しますが、政策ビラや選挙ポスターに使用する写真を撮るときの話です。町田市議会議員の佐藤和彦さんにご相談したところ、選挙ポスター作製専門の写真屋さんを教えてもらいました。予約を取り、新しいお気に入りのスーツと家内からプレゼントされた緑色のネクタイで行きました。確か文京区だったと思います。そこで生まれて初めてお化粧とヘアーメイクをしてもらいました。それからアトリエに行き、左側からと右側から何十枚か撮り、検討してもらった結果、左側から撮るほうがよいと決まりました。

そして、カメラマンとアシスタントの女性の方がカメラを覗きながら、指示されたいろいろなポーズで100枚以上の写真を撮りました。アシスタントの方がスーツの裾を引っ張ったまま撮ったり、お化粧を直したりしながらの撮影で、2時間近くかかったと思います。

原則として、表情は、口を「い」と言うような形で、意識して大きく開くというものでした。

びっくりしたのは、私の目線がレンズを見ているつもりでも、傍からはレンズからかなり下のほうを見ているように見えるという指摘でした。今まで、人生でいつも相手の目を見て話していましたが、相手の方はみな鼻の頭ないし鼻筋を見られていると思っていた訳です。目を見て話してくれると思ってほしければ、相手のおでこを見て話すほうがいいそうです。カメラのレンズを見るのではなく、カメラマンのおでこを見ながら写真を撮られる状況が続きました。

最後に証明写真のようなまっすぐ前からの笑わない写真や笑った写真を撮り、終了しました。１００枚以上の写真をＡ４用紙２〜３枚に印刷したものとＣＤデータを20分ぐらいで受け取り、４万円ぐらいお支払いしました。３カ月ぐらいはデータを保存しておいてくれること、メガネの薄い影は別料金ではずします、歯は白くできますと言われました。４万円でも大出費なのにこれ以上は無理だと思い、追加は何もしないで帰ってきましたが、写真のできがすごくよかった分、メガネの薄い影はけっこう目立つような気がしました。選挙ポスター用に大きくするとさらに目立つような気がしましたので、次回はメガネの影ははずすことをお願いしようと思います。

選挙公報の写真は、「選挙期日前６カ月以内」という決まりが選挙公報掲載の規定にありますので、気をつけてください。

6　立て看板の設置

①立て看板は、町議会議員は全部で8枚設置可能

政治活動のために、立て看板（正確には、立札及び看板の類）を作って事務所に設置してもよいことになっています。町議会議員の場合は、個人4枚、後援団体として4枚の計8枚まで設置していいことになっています。ちなみに、市議会議員は個人6枚、後援団体6枚の計12枚までです。

この立て看板を設置するためには、町の選挙管理委員会に**【政治活動用事務所証票交付申請書】**を提出して、**政治活動用事務所証票（以下、証票）**をもらわなくてはいけません。注意したいのは、この申請書は、前もって8枚出して、証票を8枚もらっておくことができないことです。設置する立て看板があって、さらにその立て看板を設置できる場所があって、初めて申請書を提出することができるのです。提出の際、その立て看板をどこに設置するか「事務所の

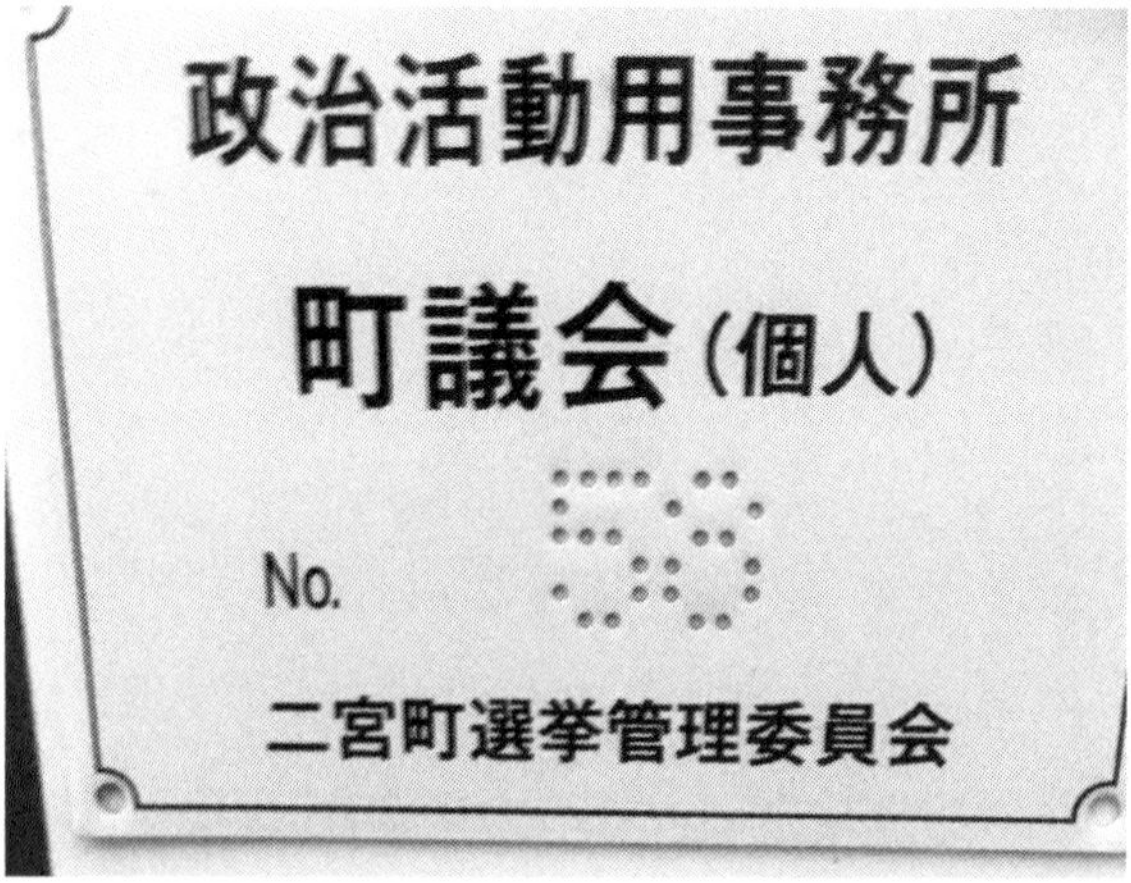

証票は立て看板の右上あるいは左上に必ず貼ること！

所在地」を記載しないといけないからです。

選挙管理委員会は実際に設置場所に立て看板があるかどうか確認しに行くので、証票をもらったら立て看板の右上あるいは左上に証票を貼って、提出した住所に設置しておかないといけません。

②知人がいないと探すのが難しい立て看板の設置場所（１カ所めの友月堂さん）

私は初め、立て看板を設置する予定ではありませんでした。なぜなら、看板を置かせてくださる人がいなかったからです。二宮町に知人はいません。突然玄関のベルを鳴らして置かせてくださいと言っても、玄関に出てきていただけるかもわかりません。ましてや、立て看板を置かせてもらうなど論外です。

しかし、毎朝、二宮駅に立っているとどうしても目の前の友月堂さん（二宮駅南口にあるお店）の所に出ている他の立候補者さんの立て看板が目につきます。できることなら、他の立候補者の方々と一緒に立て看板を出せたらいいなと思っていました。

朝立ちを初めて1カ月くらい経ったある日、とうとう置きたい気持ちを押さえられなくなって、友月堂さんの玄関のベルを鳴らしていました。しかし誰も出てきません。3回鳴らしても、時間を変えてもだめでした。少しして朝立ちで声をかけてくださった方に友月堂さんの友人だという方が偶然いて、友月堂さんに話をしていただきました。その方を通してやっと立て看板を置かせていただくことができました。

友月堂さんは駅前のいい場所にあるため看板等を置かせてくれと言ってくる方が多いので、玄関のベルには出ないようにしているとのことでした。初めてお会いしたとき決めたことは、立て看板の設置場所と設置方法、そして選挙が終わったらすぐ撤去するということでした。撤去については私のほうからご提案しました。このときはまだ看板を1枚も持っていなかったので、すぐ発注しました。立て看板ができたときにまた友月堂さんとお会いして立て看板の設置場所等を話し合うのはご迷惑だと思ったので、1回で済むようにしたのです。

③ 2カ所めの立て看板設置場所は、駅前のオフィスコジマさん

これで多少自信もつき、もう1カ所お願いしてみようと思いました。2カ所めはオフィスコジマさんという不動産屋さんの駐車場でした。ここにはすでに4人の方が設置していました。私はこの不動産屋さんを通して賃貸の家をお借りしているので、思い切って社長さんにお願いしてみたところ、設置の許可をいただくことができました。この不動産屋さんの駐車場は二宮駅北口の東側にあり、とても人目につくところでした。特に人目につく場所は2カ所あり、1カ所は、歩いて駅に向かう人が多く通る道路に面した所で、すでに2人の方が立て看板を置いていました。もう1カ所は、

友月堂さんのところに並ぶ立て看板。私の看板は地の色が薄いので、証票が目立たないが、他の候補者の看板の上部を見ると、証票がきちんと貼られているのがわかる。

駅からのバスが必ず通る駐車場の一番北側のフェンスの所でした。ここは、町長選挙に立候補している２人の方が立て看板を置いていました。私はこの町長候補のお二人の間に立て看板を置かせていただきました。

④３カ所めの立て看板設置場所は自宅前

３カ所めは、自宅の前です。もともと自宅の前には置きたいと思っていたので、まずは３つ（友月堂さん、オフィスコジマさん、自宅の前）を作製することにしました。８月29日（月）に業者さんにインターネット経由で依頼し、９月９日（金）にできあがってきました。立て看板３つで４万６８３８円という、比較的安めの業者でした。９月13日（火）に選挙管理委員会に行って、**【政治活動用事務所証票交付申請書】**と設置する場所の住所を提出し、その場で**証票**を３枚交付してもらいました。そして立て看板に証票を貼って友月堂さん、オフィスコジマさん、自宅の前に立てました。

⑤４カ所めの立て看板設置場所は有権者ご自宅の玄関前

４カ所めは、応援の電話をくださった居酒屋さんに立て看板を置く場所を探していると相談したところ、居酒屋さんによく来られるＫさんが自宅の前に置かせてくださるとのお話をいただき、急いでタクシーで立て看板を持ってお伺いしました。予備の立て看板はなかったので、すぐ選挙管理委員会に行って自分の自宅用をＫさんのご自宅の住所に変更し、自宅の立て看板を持っていったのです。本当にありがたかったです。

自宅の立て看板はどうしようかと思いましたが、10月24日頃だったと思いますが発注し、11月７日（月）に届きました。11月10日（木）に選挙管理委員会に行って、**証票**を受け取って玄関の傍に設置しました。

立て看板は、4年間いつでも申請できますが、選挙の告示日から投票日の間だけは設置の許可が出ませんので、気をつけなければいけません。

⑥夜でもよく光る立て看板の効果

立て看板を3つで4万6838円と比較的安めの業者を選んだとお話ししましたが、ネットで見るともっと安い立て看板があります。しかし、私が選んだ立て看板は〝光る立て看板〟だったのです。友月堂さんの所は駅の階段を降りると遠くですがよく見えるとてもいい場所ですが、夜になると看板にある名前の大きな字も顔写真もまったく見えません。駅が暗すぎるからです。ところが私の立て看板だけ光るのでくっきりと見えるのです。特に駅で唯一明るいコンビニエンスストアの出口を出ると、私の立て看板だけ、闇夜の中で輝いていました。駅前のコンビニエンスストアは、夜も帰宅する町民でけっこう混んでいます。その方たちがコンビニエンスストアを出るたびに私の名前だけを見つけるのです。すごい効果でした。ぜひ、光る立て看板を効果的な場所に使ってみてください。

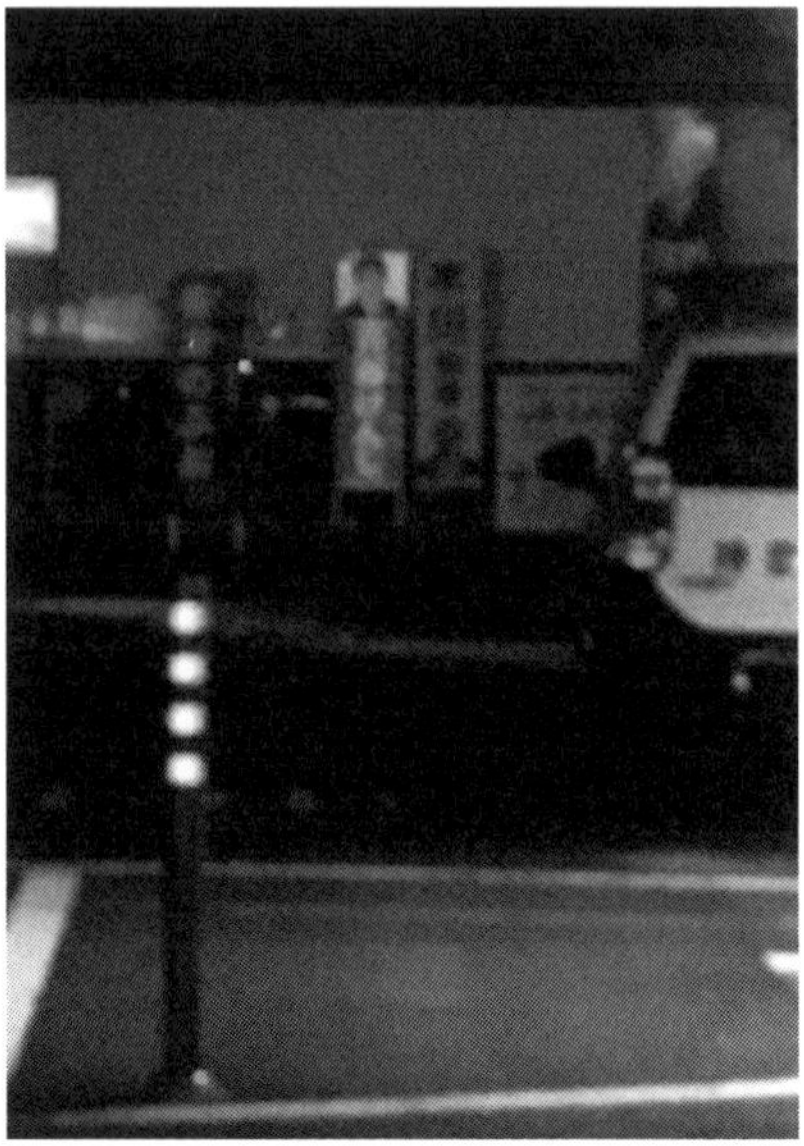
ボケた写真で恥ずかしいのですが、私の看板だけが光って見え、目立つことは一目瞭然！

なお、2023年9月の二宮町議会定例会において、「二宮町の玄関二宮駅南口をもっと明るく」と町に訴え、駅前広場がとても明るくなりました。

7 政治活動中に使用できる2連「のぼり」等の規定

① 政党その他の政治活動を行なう団体が使用できる「のぼり」

二人の写真が載っている「のぼり」を、2連の「のぼり」といいます。政治活動中にのぼりは使ってはいけないとネットを開くと出ていますが、どこの市区町村議会選挙でも告示前にかなりの立候補者が使用しています。二人の写真（2連）が載った「のぼり」は、政治活動で使用できます。

私が使用した２連のぼり

政治活動時の「のぼり」は公職選挙法には規定がありませんので、政治活動用ポスターの規定を準用しています。東京都選挙管理委員会によると、「政党、その他の政治活動を行なう団体（後援団体を除く）の政治活動用ポスターは常時掲示できます。…」となっています。わかりにくいので、次ページに、東京都選挙管理委員会のホームページを参考に図を作成しましたのでご覧ください。ここで言う政党とは、自由民主党ほか衆・参議院選挙に出てくる主要な団体です。その他の政治活動を行なう団体とは、公職選挙法で「一般の政治団体（1号団体）」や「後援団体（2号団体）」などが定められていますが、この団体になるためには【政治団体設立届】を都道府県選挙管理委員会に提出しなくてはなりません。

②政治活動用ポスター（のぼり）の厳しい規定

また、政治活動用ポスターには厳しい規定があり、自分一人の写真だけ掲載するのではダメで、二人の写真（2連）を載せ、一人の面積部分が全体の3分の1以下、もう一人が3分の1以下、団体の名称は3分の1以上にしなければいけません。この手続きと規定を守らないと「のぼり」も使用できないので注意してください。この2連の話は「たすき」にも応用でき、2連の「たすき」も政治活動で使用することができるそうです。

③都道府県の選挙管理委員会に団体の設立届等を提出

私も政治活動の準備として、7月29日（金）に、その他の政

	任期満了の6か月前まで	任期満了の6か月前から告示日まで	告示日から選挙期日まで
個人ポスター 	掲示可能	掲示禁止	
政党等ポスター 	掲示可能		候補者の氏名・氏名類推事項が記載されたポスターは掲示禁止

←政治活動期間→←選挙運動期間→

※東京都選挙管理委員会の公式ホームページの図を参考に作成

治活動を行なう団体の設立届**【政治団体設立届】**を作成、提出しました。この届を作成するには、設立届の記載上の注意事項があり、神奈川県の場合、本書の執筆時点で16項目あります。

たとえば、〈設立届は必ず神奈川県選挙管理委員会に持参してください。郵送等による届出は認められません〉〈会計責任者と同職務代行者は別人でなければなりません〉といったことです。

また、届出には、**団体の規約**の添付が必要です。この書類はどこの都道府県の選挙管理委員会にも作成例があるので、この凡例をそのまま利用すれば、規約書類も簡単に作成できます。

……と、ここに落とし穴がありました。

この凡例は後援団体用の規約であることが多く、〈目的〉第2条に「本会は、○○○○氏の政治活動を後援することを本来の目的とし、あわせて会員相互の親睦を深めることを目的とする」と書かれています。

初めの頃は、こうしたちょっとしたこともよくわかっていなかったため、凡例を、うっかりそのまま利用して後援団体としての「二宮町をより良くする会規約」を神奈川県選挙管理委員会に提出していました。そもそも、自分が設立しようとしたのは後援団体ではありませんでしたし、そしてまた、提出してから、後援団体は2連のポスター、あるいは2連の「のぼり」を政治活動中に使用することができないことがわかったのです。

そこで、初めに提出した「二宮町をより良くする会規約」を変更するため、**【届出事項等の異動届】**を提出。規約の〈目的〉第2条「本会は、古谷健司氏の政治活動を後援することを本来の目的とし、あわせて会員相互の親睦を深めることを目的とする」を訂正し、〈目的〉第2条「本会は、政治上の主義若しくは施策を推進し、支持し、又はこれに反対することを本来の目的とする」に変更しました。

これにより、二宮町をより良くする会は「後援団体」ではなく「一般の政治団体」となり、堂々と2連の、

二宮町をより良くする会規約

（名称及び所在地）
第1条　本会は、二宮町をより良くする会と称し、主たる事務所を神奈川県内におく。

（目 的）
第２条　本会は、政治上の主義若しくは施策を推進し、支持し、又は これに反対することを本来の目的とする。

（事 業）
第３条　本会は、前条の目的を達成するため次の事業を行う。
1　講演会、座談会等の開催
2　会報等の発刊及び配布
3　関係諸団体との連携
4　その他本会の目的を達成するために必要な事業

（会 員）
第４条　本会は、第2条の目的に賛同し、入会申込書を提出した者をもって会員とする。

（役 員）
第５条　本会に次の役員をおく。

会 長	１名
副会長	２名
理 事	若干名
監 事	２名
会計責任者	１名

（役員の選出及び任期）
第６条　1　役員は総会において選出する。
2　役員の任期は１年とする。ただし、再任を妨げない。

（会 議）
第７条　1　会長は、毎年１回の通常総会、その他必要に応じて臨時総会を招集する。
2　会長は、必要に応じ役員会を招集する。

（経 費）
第８条　本会の経費は、会費（年額 300 円）、寄付金その他の収入をもって当てる。

（会計年度及び会計監査）

第９条 １ 本会の会計年度は、毎年１月１日から12月31日までとする。
２ 会計責任者は、本会の経理につき年１回監事による監査を受け、その監査意見書を付して総会に報告する。

（規約の改廃）
第10条 本規約の改廃は、総会において決定する。

（補 則）
第11条 本規約に定めのない事項については、役員会で、決定する。

附 則
本契約は、令和４年9月1日より実施する。

訂正後の「二宮町をより良くする会規約」

のぼりを掲げて政治活動を行なうことができるようになりました。

【政治団体設立届】は、〈組織または設立の日から７日以内に郵便等によることなく直接都道府県の選挙管理委員会に持参すること〉となっています。私の「二宮町をより良くする会」を設立したと決めた日は令和４年４月１日ですが、提出したのは７月でしたので「二宮町をより良くする会」の規約の最後、附則本件契約は令和４年７月29日より実施としていたのですが、設立した日が実施日だということなので４月１日に訂正しました。もちろん訂正印は必要です。ちなみに、**【届出事項等の異動届】**も一緒で、変更後(異動後)７日以内に届け出なければならないことになっていますので、変更（異動）した日付である令和４年９月１日で提出しました。

「二宮町議会議員及び二宮町長の任期満了に伴う選挙執行日程等について」

令和4年5月2日

二宮町議会議員及び二宮町長の任期満了に伴う選挙執行日程等について

○任期満了日　令和4年11月29日（火）　（二宮町議会議員及び二宮町長）

1．立候補予定者事前説明会
　日　時　令和4年10月11日（火）　午前10時から
　場　所　二宮町町民センター2Aクラブ室

2．立候補予定者事前相談
　期　間　令和4年10月18日（火）から21日（金）まで
　時　間　午前9時から午後5時まで
　場　所　二宮町役場2階会議室

3．告示日・立候補届出受理
　日　時　令和4年11月15日（火）　午前8時30分から午後5時まで
　場　所　二宮町町民センター2Aクラブ室

4．期日前投票
　日　時　令和4年11月16日（水）～19日（土）　午前8時30分から午後8時まで
　場　所　二宮町生涯学習センターラディアン

5．期日前投票【増設】
　日　時　令和4年11月17日（木）～19日（土）　午前9時から午後6時まで
　場　所　二宮町町民サービスプラザ

6．不在者投票
　日　時　令和4年11月16日（水）～19日（土）　午前8時30分から午後8時まで
　場　所　二宮町役場2階　選挙管理委員会事務所

7．投票日
　日　時　令和4年11月20日（日）　午前7時から午後8時まで
　投票所　町内投票所8か所

8．開票日
　日　時　令和4年11月20日（日）　午後8時50分から
　場　所　二宮町立二宮小学校体育館

第二章

住民の知る権利「選挙公報」

8　住民が誰に投票するかを決める、すごく重要な「選挙公報」

①選挙公報提出のスケジュール

令和４年10月11日(火)10時からの**立候補予定者事前相談会**で「選挙公報掲載申請のしおり」が渡されます。「選挙公報」は立候補者がどのような人なのかを知らしめる唯一のものであり、この公報をみて町民の方々は誰に投票するかを決めるといっても過言ではありません。

立候補者全員のＰＲ文が掲載されるので、町民の方々は比較検討をすることもできます。ですから、これは一番重要なものの一つといえるでしょう。

本来の意味からすると、告示日である11月15日（火）の午前8時30分から午後5時までの間に掲載申請を出さなければならないものです。しかし、申請及び審査に時間がかかるので、立候補予定者15人が告示日に選挙管理委員会に押し寄せて公報掲載文を提出したら、その日のうちに審査は終わりませんし、そこから印刷所に印刷してもらって町民に配布したら、どんなに急いでも2～3日はかかってしまい、告示日から5日後の投票日までに何日も残らなくなってしまいます。町民が立候補者を選ぶ時間がなくなってしまうわけです。

そこで、選挙管理委員会は事前の相談期間を設けて、あらかじめ申請・審査を終わらせ、選挙公報掲載文原稿と写真を受け取っておき、11月15日（火）の告示日にはすでにチェック済みの【**選挙公報掲載申請書**】だけを他の書類と一緒に受け取るという段取りをとっています。

私は、10月11日（火）に【**選挙公報掲載文原稿用紙**】と「選挙公報掲載申請のしおり」を渡され、10月18日（火）から10月21日（金）が相談日として設定されていたので、とりあえず1回目は10月19日（水）10時～10時50分で予約を取りました。このとき、【**選挙公報掲載申請書**】は了承をもらいましたが、公報掲載文と写真のほうは待ってもらいました。2週間経った11月2日（水）9時に選挙公報掲載文を再度みてもらいました。

こんなにも遅くなったのは、掲載内容が二転三転し、何を載せたらいいのか悩んでしまったからです。しかし、この日になんとか掲載文と写真を選挙管理委員会に渡すことができました。このときに持っていった物は、**選挙公報掲載文原稿**と**写真**および**印鑑**です。

②選挙公報掲載文の作り方

掲載文原稿と写真はデータでもよかったのですが、他の立候補者の方はと聞いたら紙での提出がほとんどとのことでしたので、紙で出すことにしました。紙で出した原稿を選挙管理委員会が写真に撮って公報に出すということでした。

選挙公報掲載文を紙で提出する場合、**専用の原稿用紙**を2枚渡され、この専用の原稿用紙のみ使用することができます。その他に、選挙公報掲載文原稿の参考として、4種類の原稿見本が渡されます。原稿用紙には、掲載本文欄の他に写真と氏名欄があります。原稿用紙には青色の方眼の点線が入っていますが、写真には写りません。掲載本文および氏名は青色方眼の枠内に記載しなければなりません。実際には手書きで提出する立候補者はほとんどなく、パソコン打ちの方ばかりです。手書きの立候補者は残念な結果になっていることが多いような気がしたので、私もパワーポイントで作成することにしました。この作業がけっこう大変で、青色方眼の枠内に入れることもさることながら、黒色しか使えず網掛も不鮮明になるので使えないということで、過去の方のレイアウトを参考にして白ヌキの字にしたりしました。

内容は朝立ちで配布したビラから抜粋しましたが、どれを選ぶかすごく悩みました。これを見て町民の方々は投票するので、選ぶのに緊張しました。

私を選んでくださる方は、二宮町で生まれ育ったというよりも新しく二宮に移り住んでこられた方が多いという情報がありましたので、子育て世代、働き世代の方を中心に考えて作成しました。方眼紙には大きく名前と無所属である旨を書き、大きな見出し（スローガン）と自身のプロフィール、何をしたいのか（政策・マニュフェスト）を具体的に入れ、抽象的な言葉は最小限にしました。

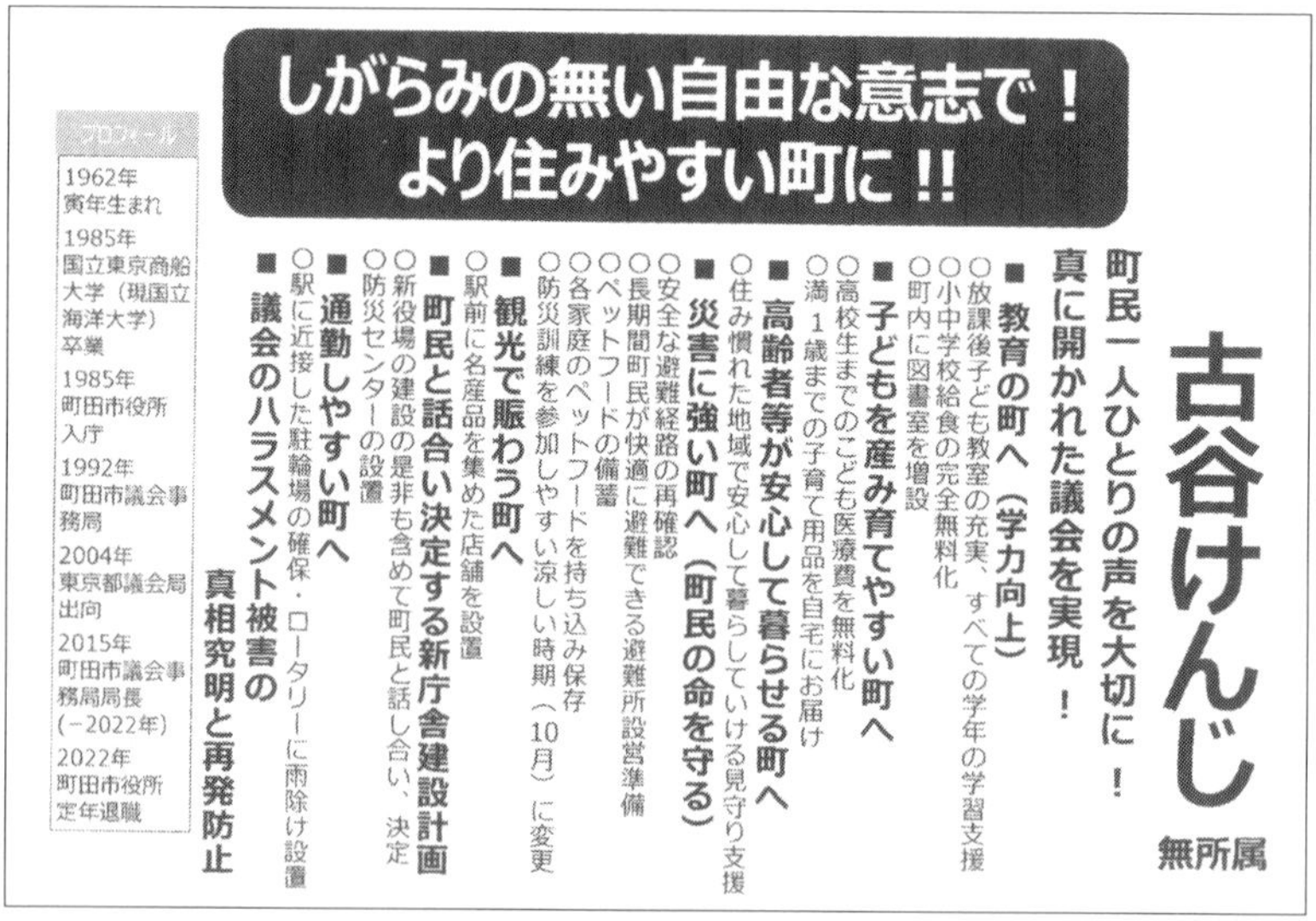
しがらみの無い自由な意志で！
より住みやすい町に!!

古谷けんじ
無所属

町民一人ひとりの声を大切に！
真に開かれた議会を実現！

■ 教育の町へ（学力向上）
○放課後子ども教室の充実、すべての学年の学習支援
○小中学校給食の完全無料化
○町内に図書室を増設

■ 子どもを産み育てやすい町へ
○高校生までのこども医療費を無料化
○満１歳までの子育て用品を自宅にお届け

■ 高齢者等が安心して暮らせる町へ
○住み慣れた地域で安心して暮らしていける見守り支援

■ 災害に強い町へ（町民の命を守る）
○安全な避難経路の再確認
○長期間町民が快適に避難できる避難所設営準備
○ペットフードの備蓄
○各家庭のペットフードを持ち込み保存
○防災訓練を参加しやすい涼しい時期（10月）に変更

■ 観光で賑わう町へ
○駅前に名産品を集めた店舗を設置

■ 町民と話合い決定する新庁舎建設計画
○新役場の建設の是非も含めて町民と話し合い、決定
○防災センターの設置

■ 通勤しやすい町へ
○駅に近接した駐輪場の確保・ロータリーに雨除け設置

■ 議会のハラスメント被害の真相究明と再発防止

プロフィール
1962年 寅年生まれ
1985年 国立東京商船大学（現国立海洋大学）卒業
1985年 町田市役所入庁
1992年 町田市議会事務局
2004年 東京都議会局出向
2015年 町田市議会事務局局長（－2022年）
2022年 町田市役所定年退職

令和４年 11 月 20 日投票日の二宮町議会議員選挙 選挙公報の原稿データ。名前の上のスペースに顔写真が入る。選挙用写真の撮影で撮った正面を向いたものを使用。実際に町民に配布された選挙公報はｐ 50 に掲載

「選挙公報掲載申請のしおり」には、印刷会社で印刷したほうが仕上がりがよい、家庭用プリンターで印刷した原稿は不鮮明になることがあるのでご注意くださいと書いてありましたが、何人かの立候補者の方に聞いたら、みなさん家庭用プリンターとのことでしたので、私もそうしました。印刷会社で1枚だけ印刷するのにいくらかかるかはわかりませんが、けっこう費用がかかると思ったからです。そのようなお金はありません。その代わり、印刷用紙だけは「超きれいな光沢紙」紙厚0・23㎜（PLUS製）を使用しました。「印画紙にせまる高い光沢紙」とうたってありました。写真の光沢紙みたいな用紙です。選挙管理委員会の方には、こんな高そうな紙を使用して提出した方はあまりいないと言われました。けっこうきれいにできたと自負しています。実は、これはほとんど家内が作ってくれたものです。

写真は選挙期日前6カ月以内（二宮町議会議員選挙の場合だと、令和4年5月20日以降）に撮影されたものという決まりがあります。

そして、無帽、正面向きで胸部まで写っているものとなっています。しかし実際の選挙公報を見ていると、真正面でない写真の方もいます。胸部が横を向いている方もいました。参考までに、令和4年二宮町議会議員選挙での原稿用紙の黒枠は、タテ１３０㎜、ヨコ１９０㎜の罫線0.4㎜、本文欄タテ１２０㎜、ヨコ１５５㎜、氏名欄タテ85㎜、ヨコ25㎜、写真欄タテ35㎜、ヨコ25㎜となっていました。

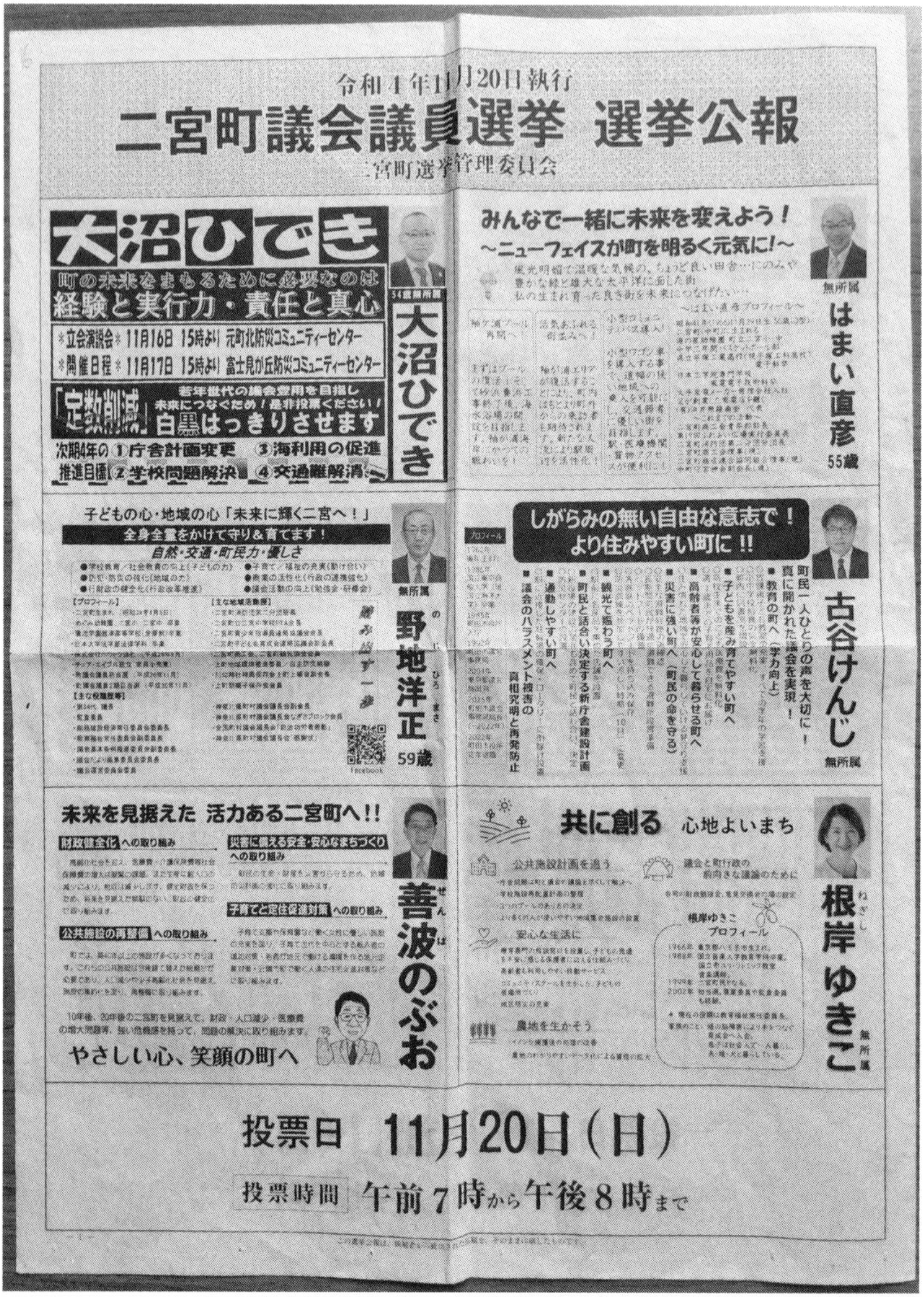

令和４年11月20日執行

二宮町議会議員選挙　選挙公報

二宮町選挙管理委員会

大沼ひでき

町の未来をまもるために必要なのは

経験と実行力・責任と真心

※立会演説会 ※11月16日 15時より 元町北防災コミュニティーセンター

※開催日程 ※11月17日 15時より 富士見が丘防災コミュニティーセンター

「定数削減」若年世代の議会登用を目指し 未来につなぐため！是非投票ください！ 白黒はっきりさせます

次期4年の推進目標 ①庁舎計画変更 ②学校問題解決 ③海利用の促進 ④交通難解消

大沼ひでき

みんなで一緒に未来を変えよう！

～ニューフェイスが町を明るく元気に！～

無所属

はまい直彦

55歳

子どもの心・地域の心「未来に輝く二宮へ！」

全身全霊をかけて守り＆育てます！

自然・交通・町民力・優しさ

無所属

野地《のじ》洋正《ひろまさ》

59歳

しがらみの無い自由な意志で！

より住みやすい町に！！

町民一人ひとりの声を大切に！

真に開かれた議会を実現！

■教育の町へ（学力向上）

■子どもを産み育てやすい町へ

■高齢者等が安心して暮らせる町へ

■災害に強い町へ（町民の命を守る）

■観光で賑わう町へ

■町民と話合い決定する新庁舎建設計画

■通勤しやすい町へ

■議会のハラスメント被害の真相究明と再発防止

古谷けんじ

無所属

未来を見据えた　活力ある二宮町へ!!

財政健全化への取り組み

災害に備える安全・安心なまちづくりへの取り組み

子育てと定住促進対策への取り組み

公共施設の再整備への取り組み

やさしい心、笑顔の町へ

善波《ぜんば》のぶお

共に創る　心地よいまち

公共施設計画を進う

議会と町行政の前向きな議論のために

安心な生活に

農地を生かそう

根岸ゆきこ　プロフィール

根岸《ねぎし》ゆきこ

無所属

投票日　11月20日（日）

投票時間　午前７時から午後８時まで

令和４年11月20日執行　二宮町議会議員選挙　選挙公報（二宮町選挙管理委員会発行）

第三章　準備編その２
選挙戦の準備、ポスター掲示と街宣車

9 告示日から投票日まではわずか5日。ポスター貼りはその日のうちに、が鉄則

① 自分一人でやるなら、ポスター掲示作業を請負ってくれる業者に依頼するのがベスト

私には後援会はなく、二宮町内に知人もいませんでしたので、告示日11月15日（火）に立候補の手続きをとったあと、ポスター掲示場にポスターを貼るのは自分一人で行なうしかありませんでした。

告示日から投票日まで5日間しかないので、告示日の当日に貼り終えないと、町民への周知が遅くなり、命とりになってしまいます。また、告示日の15日のうちに貼れたとしても、他の立候補者が貼り終わっているのに自分のポスターだけ遅れてしまうと、町民に信頼性が低いように見られかねません。

ポスター掲示場は、いかに二宮町が3平方キロメートル程の小さな町だといっても56カ所もあり、一人で貼ったら2～3日はかかってしまうかもしれません。ましてや、選挙運動期間中なので、街宣車で町内を回らなければなりません。自分一人で貼るのは無理がありました。

そこで、インターネットで調べたところ、日本急送株式会社（住所は新宿）というポスター掲示作業を請負ってくれる業者さんがあることがわかりました。56カ所のポスター掲示作業を1日で行なってくれるというもの

です。見積もり額は、作業内容として裏面全面シール（ユポタック）のポスターを56カ所のポスター掲示板に1日で貼り終えるというもので、１枚貼る単価が８００円。８００円×56枚＝４万４８００円、消費税を入れて合計４万９２８０円でした。ポスター作製業者さんにはユポタック（裏面全面シール）をお願いしていたので私は頼みませんでしたが、タッカー補強というのがオプションであり、タッカーという画鋲の大きいのをポスターの隅に８カ所打ち込み、より剝がれにくくするものです。タッカーは1枚当たり１００円でした。

②ポスター掲示作業のスケジュール

この業者さんを調べて問い合わせをしたのが10月12日（水）。翌13日（木）には仕事を依頼しました。このような仕事をしてくれる会社が少ないのに対し、全国のどこかで地方選挙は毎日のように行なわれています。依頼が1日遅くなることで、請負ってもらえなくなることもありえると思いましたので、すぐ申し込みました。

このとき不安だったのが、日本急送株式会社さんはバイクで56カ所の掲示場所を回って貼ってくださるので機動力がある反面、当日天候が悪いと貼る作業が遅れる、というものでした。10月12日に問い合わせした際のメールにも「台風や降雪などの悪天候のときは1～２日延長作業が必要な場合があります」と書かれていたのです。

実際には、日本急送株式会社さんは、11月15日の告示日には素晴らしい作業をしてくれた信頼のできる会社でしたが、このときは、インターネットで探しただけの、どのような会社かもわからない状況でしたので、本当に不安でした。そうは言っても、自分一人ではそもそも1日で全部の箇所に貼ることはできないので、背に腹は代えられずという思いで、すぐにお願いすることにした次第です。

10月13日（木）に仕事を依頼し、代金を振り込むと、すぐお礼のメールが届きました。そのメールには、必要なものは、①ポスター56枚プラス5枚で、計61枚、②設置場所一覧表（リスト）、③ポスター掲示場設置個所図面の３つ、と書いてありました。

②の設置場所一覧表（リスト）と③のポスター掲示場設置個所図面（左ページ）は、10月11日（火）の立候補予定者事前説明会ですでにもらっていたので、両方ともコピーを取ったうえで10月28日（金）に日本急送株式会社に送りました。初めはポスターが手元に届いたら3点を一緒に郵送しようと思ったのですが、ポスターは印刷会社コムネッツさんから直接日本急送株式会社に送ってもらったほうが早いので、予定を変更し、②の一覧表（リスト）と③の図面だけを先に送ることにしたのです。

選挙ポスター

①のポスターは11月8日（火）に日本急送株式会社に届きました。日本急送株式会社からは、届いたその日のうちにメールで、「11月15日（火）の8時頃より作業担当者が掲示場前で待機しています。立候補者番号が決まりしだい、フリーダイヤル０１２０・・・に最短で連絡してほしい」と連絡をもらいました。このフリーダイヤルが、携帯でつながるかどうかも確認。これでポスター貼りについてはすべての準備が整いました。

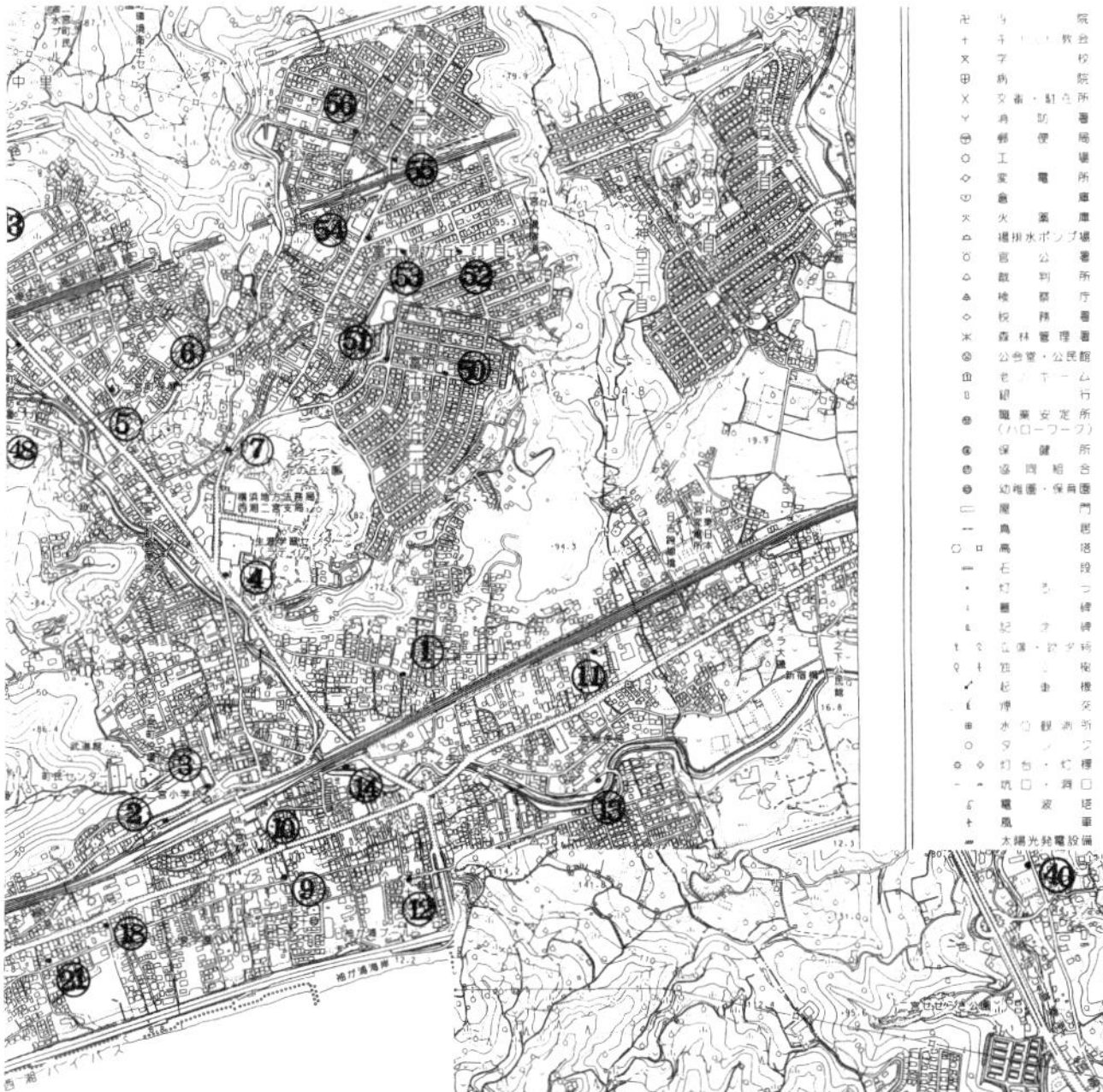

←↓ポスター掲示場設置個所図面

③立候補届けの受理申請とポスター掲示板の場所はくじ引きで

いよいよ告示の日、11月15日（火）となりました。朝8時30分から立候補者届出受理ということですが、8時30分より前に来ればみんな一緒に抽選できるとのことでしたので、8時ちょうどに受付場所に行き、11番の受付番号をもらいました。私は11番目に立候補届出受理申請の抽選ができると思ったらこれはあくまでも受付番号で、11番目にくじを引いて、予備くじ番号が4番になりました。この4番は本当の抽選をするくじを引く順番の番号です。

少々ややこしいのですが、地方議会ではよく行なわれることです。そして4番めにくじを引き「6番」になりました。先着順にすると、順番取り合戦になって、早朝から並ぶ等の問題が起きてしまう可能性があります。そういうことを避けるためという意味があるのかもしれません。とはいえ、やや混乱します。

最後に引いた「6番」が「6番目に受理申請ができる」ということであり、ポスター掲示板の「6」の所にポスターを貼ってくださいということです（選挙が近づいてくると、まちのいろいろな所に選挙ポスターを掲示するための板が設置されますが、そこに、番号がランダムにふられているのを見たことがあるかと思います。あの番号のことですね）。

この番号は手続きの順番でもありますので、番号が小さければそれだけ手続きが早くできます。早く手続きが終われば、ポスターを早く貼ることができるということです。私は6番目に手続きが終わり、その時間は8時57分でしたので、終わったと同時に日本急送株式会社に電話をし、「6番の所にポスターを貼ってください」とお願いしました。電話で伝えるだけでは不安だったので、黒板に提示されている名前と6番という番号を写真に撮って、メールで送りました。

日本急送株式会社さんは複数のバイクを駆使して作業を進め、11月15日の13時30分には作業完了のメールをくださいました。そしてなんと、そのメールには56カ所のポスター掲示板にポスターが貼られている56枚の写真がついていました。完璧でした。ユポタックという裏全面シールのポスターでしたので、５日間、１枚も剥がれることもありませんでした。日本急送株式会社のK様、作業担当者の皆さま、ありがとうございました！

④ポスターの枚数と、とても大事な街頭演説用標旗

ポスターは日本急送株式会社には先ほど述べたように56枚プラス５枚で61枚、私のほうには選挙管理委員会用に１枚と選挙事務所（特別に設置したわけではなく自宅を事務所としました）用に５枚ぐらいを送ってもらいました。選挙運動期間中に風雨で剥がれたとき、すぐに行って貼り替えられるように２枚くらいはあったほうがいいと町田市議会議員の佐藤さんに教えてもらっていたからです。印刷業者から日本急送株式会社に直接郵送できたのは、選挙運動時使用するビラは証紙を貼らなければ使用できないのに対し、ポスターは選挙管理委員会に１枚渡すだけでよく、56カ所に貼るポスターに検印や証紙といったものを貼らなくて済んだからです。

また、あとで知りましたが、街頭演説用標旗（選挙運動用表示物で、これがないと街頭演説ができないなど、非常に大事な旗）の立候補者名と党派名（私は無所属）は、このポスターを切って貼るのがよいということです。太字のマジックで書いた下手な字より余程きれいに仕上がるので、こちらのほうがおすすめです。私は下手な字で書きました。

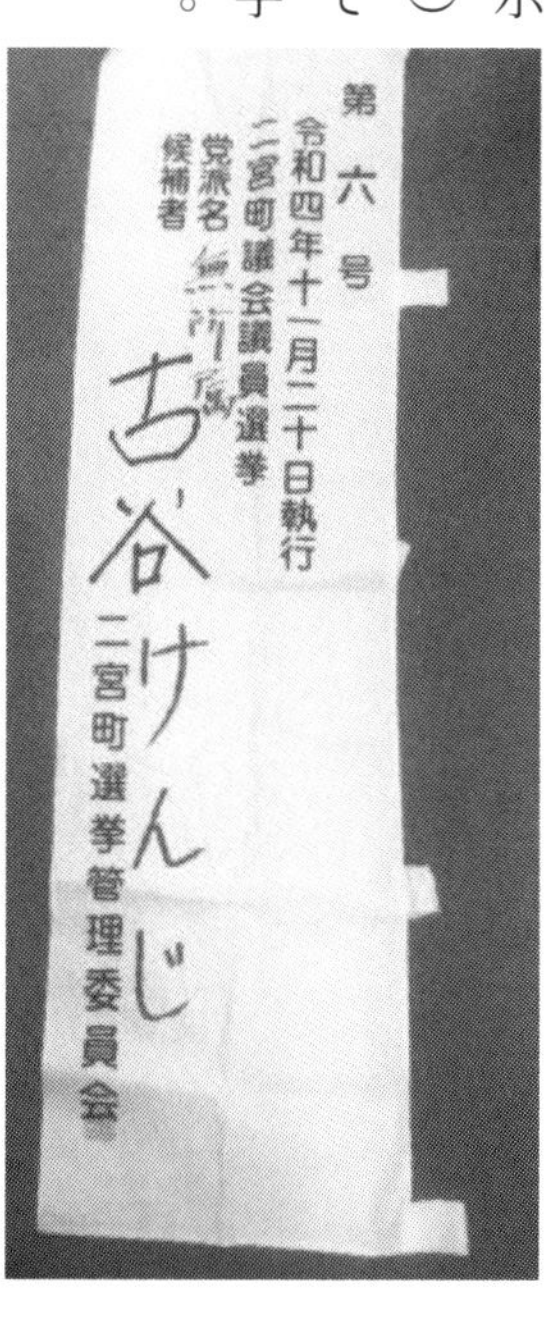

街頭演説用標旗

10　街宣車看板

①街宣車の看板の見積もりがこない！（焦）

私はハイヤー方式で街宣車の契約を行ないました。このハイヤー方式は公職選挙法で一定の得票数を取れば、街宣車にかかる経費を公費で払ってもらえるものでした。詳細はあとでご説明します。しかし、街宣車に取りつける看板の費用は別で、この公費に含まれていないため、自費で支払わなければなりません。街宣車の看板を実際に使用するのは5日間だけなので、とにかく、できるだけ安くあげたいと思いました。

10月17日（月）にハイヤー方式の街宣車を依頼していた千葉県のT社さんに街宣車用の看板作製をお願いしましたが、看板は別の所に発注するのか、なかなか見積もりがあがってきませんでした。10月25日（火）の時点でまだ見積中でいつになるかわからないとのことでしたので心配になり、町田市議会の議員さんが使用している会社のHさんにも見積もりを依頼しました。

看板の大きさは、警察に提出する「選挙運動用自動車の制限外（設備外）積載許可」に関係してくるかもしれないので、ハイヤー方式の契約書を選挙管理委員会に提出し、確認する11月4日（金）までに何とか看板ができていたほうがいいと思ったからです（実際には、看板のサイズを聞いて書類を提出しましたので、看板そのものができていなくても大丈夫でした）。

町田市議会議員さんに聞いた話では、４～５万円くらいでしたので、それぐらいなら大丈夫かとは思いましたが、見積もりがないと心配なので、当然、お願いしました。Ｈさんからはすぐに「本番のポスターデータ（イラストデータ）を送ってほしい」といわれたので、ポスター作成者のコムネッツさんにお願いしたところ、変更できるデータは送れないということ。私にはわからない点も多く、直接コムネッツさんからＨさんに連絡してもらいました。ＰＤＦと部分的に加工できるデータを送ってくださったようでした。

10月29日（土）に、Ｈさんから街宣車を担当する千葉のＴ会社さんと連絡が取れない、連絡を取り合いたいと連絡があったので、Ｔ社さんにＨさんに連絡してほしいと電話しました。この時点で街宣車の看板については、Ｔ社さんとＨさんの２カ所に見積もり依頼を出していることをＴ社さんに伝え、見積もりが出ないか問い合わせたのですが、出ないとのこと。見積もりを出せないというのは不安要素であり、Ｔ社さんへの街宣車の看板作製の依頼はお断りしました。

ハイヤー方式を受けてくれる業者さんがほとんどないという状況のなか、この会社もハイヤー方式だけで精一杯で、街宣車の看板までは手が回らなかったのかもしれません。10月29日（土）の時点で、Ｈさんのほうは Ｔ社さんからデータをもらい、ポスターのデータの加工に入っており、Ｈさんのほうが進んでいると思いましたので、Ｈさんのほうを選びました。でも本当は、街宣車に搭載する看板ですから、街宣車を保有するＴ社さんが請負ってくださったら、本当に楽だったと思います。まだ見積もりが出ていないのに作業が始まっていること自体はとても心配でしたが、それ以上に11月15日（火）の告示日に街宣車用の看板が間に合わないほうが怖かったのが本音です。

②痛い失費。街宣車につける看板の見積もり依頼は余裕を持って

10月31日（月）、Hさんにポスターにある小さな見出しの「真に開かれた議会の実現」は街宣車看板に入れなくてもいいと伝えました。このときも見積もりを依頼しましたが、もらえませんでした。

11月6日（日）、Hさんから看板のデザインが届きました。スローガンが「より住みやすい町に」という昔のままだったので、本番の掲示板に貼るポスターに合わせて「しがらみのない自由な意志で、より住みやすい町に」に変更してもらいました。おそらくコムネッツさんから古いポスターのデータが渡されたのだと思います。写真は古いのも新しいのも同じなので、大丈夫でした。この時点でまだ見積もりは出てきておらず、催促しても、「もう少しお待ちください」と言われました。

11月10日に、Hさんから11月11日着でT社さんに看板を発送したとメールがあり、同日10日に14万5860円という自分が予定していた額より10万円も高い見積書がメールで送られてきました。すでにT社さんに看板を送ってしまっているし、何より告示日まで5日間しかないこの時点で、キャンセルしてほかの会社で新しく作ることはできないだろうと思い、泣く泣くそのままの料金を支払いました。

今回ハイヤー方式にすることはすでに決めていましたが、何社か連絡を取っても対応が芳しくなく、T社さんを探し当てるまでにすごく時間がかかりました。そのT社さんに看板を依頼したのは10月17日で告示日の1カ月前と時間がなかったことでいろいろなことが難しかったのだと思います。

Hさんのほうは、自分の所有する街宣車ではなかったので、街宣車の荷台の看板用の板に直接貼りつけるしか方法はなく高価になってしまったそうです。ビニールに印刷し、まわりをヒモで括りつけるやり方だと町田市議会の議員さんのときと同じようにもっと安価にできたのかもしれません。

いずれにしても問題は、時間がなくて、見積もりを出してもらう前に製作に入ってもらい、完成させてしまったことです。見積もりをとり、納得してお願いしたのでは11月15日の告示日に間に合わなかったので、しかたのないことでした。

これからの方に。

立候補して、準備を始めるのは早ければ早いほど良いです。街宣車の準備は、少なくとも２カ月以上前に始めてください。それにしても、14万５８６０円は痛かったです……。

選挙関連の業者さんは数が限られる。街宣車につける看板の見積もりは、早め早めに。

11　ハイヤー方式（街宣車用自動車＋運転手＋ガソリン＋マイク機器）

①15人の立候補者のうち利用したのは、私たった一人だったハイヤー方式

10月11日（火）10時から、町民センターの2A室で、選挙管理委員会による立候補予定者事前相談会が行なわれました。この説明会でいろいろなことがわかり、急いで準備しなければ間に合わないと思いました。

特に、ハイヤー方式の契約書類は10月18日（火）〜21日（金）の事前相談で提出しなければいけなかったので、「10　街宣車看板」（58ページ〜）でも書いたように、11日からの準備ではけっこう大変でした。

立候補届出者15名のうち、ハイヤー方式は私だけだったようです。選挙管理委員会にハイヤー方式を受けてくれる所はどこかないかと聞いても、町内にはないと言われました。私がハイヤー方式を選んだのは、ハイヤー方式にしないと車の契約、車の燃料費の契約、運転者の手配・契約、街宣車に載せるマイク等の機材の準備、街宣車の警察への届出などをすべて一人でしなければならないからです。とても不安でしたし、一人では無理だと思っていましたので、これらをまとめて契約できるハイヤー方式しかないと考えたのです。

②焦って業者を探すも、うまくいかず

二宮町にハイヤー方式を請負ってくれる会社はなく、他の地域を探しても、なかなか見つかりませんでした。

あちこち探して、千葉県の会社が見つかったのは翌日、10月12日（水）のことでした。すぐに連絡を入れてみましたが、この会社はなかなか返信や連絡がもらえず、やっと連絡がとれて電話をいただく約束をしても、約束した時間になっても電話がないことが2回もありました。10月15日（土）の約束していた時間に電話連絡がなく、翌日の16日（日）になってメールが届いたりしたので、この先不安になり10月19日（水）にお断りのメールを送りました。先方の担当者の方は土・日曜日に講師の仕事が入っていたらしく、とても忙しい一般旅客運送事業者だったようです。

③やっと見つかった信頼できるハイヤー方式の請負業者と、ホテルの予約

10月17日（月）、もう1カ所だけ、ハイヤー方式を受けてくれそうな千葉県印西市にあるT社に連絡をしました。この会社はとても感じがよく、連絡した17日当日に仕事を引き受けてくれました。二宮町選挙管理委員会からもらった書類のうち、自分たちに必要な書類を送ってほしいと言われたので、「選挙公営（公費負担）の手引き」、「候補者のしおり」、そして「選挙運動用自動車の制限外（設備外）積載許可の申請受理時期について」を、私もその当日に郵送しました。

このとき、街宣車に取り付ける看板も依頼しました。どのような看板がいいのか教えてほしいとメールがあったので、「看板は、4面で、安いのなら名前だけでも結構です。写真のある看板と写真のない看板の両方の見積り額を教えてくれれば助かります。終わったらはがせる安いやつでお願いします」と依頼しました。写真があるほうがいいのですが、値段が全然違うなら検討の余地もあると思ったからです。

T社からは、千葉県の印西市から神奈川県の二宮町まで毎日通うのは無理なのでホテルを用意してほしいと

言われました。確かにそうです。しかも、朝8時から夜8時までですから、5日間通うのは無理です。

10月18日（火）に急いでホテルを探しました。二宮町にはホテルがなかったので、二宮町に一番近い平塚のホテルを手配しました。街宣車は、11月15日(火)告示日の立候補者申請手続き終了後から投票日前日の19日(土)午後8時まで使用できます。そこでホテルは、告示日11月15日の前日、14日（月）～19日（土）の5泊6日で予約しました。

一つ心配だったのは、「古谷けんじ」と大きな字で書いた大きな写真つきの街宣車を選挙区域外の平塚まで走らせてホテルを往復してもいいのか、ということでした。二宮町選挙管理委員会に確認したら、スピーカーなどを鳴らさずにただ走るだけなら大丈夫と言われましたので安心しました。

ホテルは平塚の駅前でしたので、街宣車を二宮駅の近くにおいて、運転手さんには電車で往復してもらおうかとも考えましたが、電車が止まってしまったら大変なことになるため、夜はホテルの駐車場に街宣車を駐車してもらい、管理してもらいました。ホテルは運転手さんの名前で予約し、宿泊代は事前に私のほうで支払っておきました。はじめは、朝食つきのプランで予約しようと考えていましたが、公職選挙法で違法となるかよくわからなかったので、朝食はついていないプランで予約しました。一所懸命がんばってくださるのだから朝食ぐらいはつけてあげたかったのですが、怖いのでやめました。

④ハイヤー方式の請負業者に依頼したこと

10月27日（木）のメールでは31日（月）に細かな内容を連絡するということでしたが、10月29日（土）にメールがあり、乗務員の名前、車種はアルフォード、積載許可の申請はT社がしてくれると書いてありました。「積載の申請は弊社が行ないます」とも書かれていて、とても安心しました。この日のメールがくるまでは、ハイヤー方式の契約書の作成から積載の許可申請まで、全部自分でしないといけないと思っていたからです。11月4日(金)までに契約書を確認しましょうと選挙管理委員会と約束していましたが、とても間に合わないと思っていました。選挙管理委員会には延長してもらうつもりでいたのですが、T社が契約書の作成から大磯警察署への車の積載許可の申請まで行なってくださり、とても助かりました。

このとき、T社に、①街宣車の屋根に看板を取りつける荷台の設置、②遊説や、街頭演説ができるためのスピーカー及びアンプ等の放送機器の設置、そして③ワイヤレスマイクとウグイス嬢の声を録音して流すことができる録音機器の設置もお願いしました。

この時点では、まだウグイス嬢を頼めると思っていませんでした。頼めても1名だと思っていたので、声を録音できる機器が必要だと考えました。最長で朝8時から夜の8時まで5日間ずっとマイクで話し続けるのは無理だと思っていたので、録音さえできれば休むこともできるだろうと考えたからです。

ワイヤレスマイクも、車を降りて街頭演説をする際に、車から少し離れた所でマイクをにぎるので、絶対に必要だと思っていました。しかし、町田市議会の議員さんに聞いたら、長い有線のマイクがあれば大丈夫とのことでしたので、ワイヤレスマイクではなく長い有線のマイクでも大丈夫とT社に連絡しました。街宣車を二宮駅の駐車場に停めて、その車の前で街頭演説をしなければならないので、それができるためのマイクが必要だと話しておきました。有線なら、３m～５mくらいのコードの長さはほしいところです。

ところが、実際に街頭演説を始めるときになって確認すると、有線コードはあるもののその先につけるマイクがありません。車内用の短いコードのマイクしかないので、運転手側の窓からマイクを伸ばして街頭演説を試みましたが、窓から30㎝くらいしか出ず、車の窓にしがみつきながらの街頭演説となってしまいました。みっともなかったので、その後3日めまでは街頭演説は行ないませんでした。3日めになってようやく長い有線用のマイクが届き、そこから街頭演説を始めました。

街宣車と同じ会社から派遣されていた運転手さんは、運転が終わった夜に平塚の家電店でマイクを一所懸命に探してくれていたようです。疲れていたのに大変だったと思います。ありがとうございました。

⑤そんなに緊張しない街頭演説

街頭演説の話が出ましたので少しお話しすると、1回めはとても緊張しましたが、2回めからはほとんど緊張しません。なぜかというと、足を止めて聞いてくれる町民があまりいないからです。自虐ネタのような話ですが……。二宮駅の前で行なったときは、バス停で何人か待っていることもありましたので、聞いてくれていそうでしたが、実際のところわかりません。誰も聞いていないとなれば、あがることもありません。

それから録音機ですが、とても役に立ちました。ウグイス嬢の声を入れておけば自分自身は窓から手を振っていればいいだけです。ただ、T社の運転手さんも初めての試みだったのか、マニュアルを読んでいてくれていたものの、上手に使いこなすところまではいかず、何種類も録音できませんでした。前の日に録音したものが次の日新しく録音をすると消えてしまったりするのです。でもこれのおかげで声が嗄《か》れるということはありませんでした。この録音機の利用は、人手の足りない私にとってはとても便利な道具というか、なくてはならないものでした。録音機を頼んでよかったです。

⑥絶対必要な街宣車の看板を照らす照明と、素晴らしい運転手

あと、どうしても知っておいてほしいことは、街宣車の荷台の看板を照らす照明の搭載です。15人の立候補者のなかで街宣車を使用した13人（ほかの立候補者は、自転車が一人、バイクが一人）のうち、12人がこの設備を搭載していました。私だけが照明を搭載していなかったのです。まったく考えてもみませんでした。経験のある方が近くにいなかったのが原因です。T社にも頼みませんでしたし、T社からのアドバイスもありませんでした。

照明がつくかつかないかは大きな違いです。

なぜなら、選挙は11月でしたので、午後6時くらいにはもう暗くなってしまうからです。6時を過ぎると、街宣車を走らせていても、町民の方からすると真っ黒な車が音を流して走っているにしか感じられないので、効果はほとんどありません。午後6時前から7時くらいにかけて二宮駅はラッシュとなるので、駅前の駐車場に車を停めて、帰宅してくる町民の方々に向けて演説をしたいのに、それもできないのです。

暗い駅に街宣車の光輝く看板は、その前に立つ立候補者を明るく照らしだします。演出効果抜群です。光輝く看板がないと、立候補者は闇の中で声はすれど顔も姿もわからない状態。大変なマイナスでした。

ただ、運転手さんは一人しかいなかったので、早めに切り上げて休んでもらえたのは良かったです。昼間、何回も休憩を入れていますが、町内をゆっくり走らなければならないためにかなり足に負担がかかり、ベテランの運転手さんでしたが太ももがパンパンになっていました。毎日、午後5時30分には私を二宮駅に降ろしたあと、ホテルに帰ってもらい、明日のために静養してもらいました。

他の立候補者が街宣車で町内中をまわっているなか、私は二宮駅に一人で立ち、マイクを使わず肉声で街頭演説をしながら、エスカレータの降り口の一番いいところでビラを配っていました。

何月に選挙があるかは自治体によりまちまちですが、選挙運動期間中は何時に日没するかをしっかり確認し、別料金になったとしても街宣車の看板を照らす照明はつけたほうがいいと思います。立候補者のなかには、二宮駅前の駐車場に始発の電車が停車する朝5時30分には街宣車の照明を点灯させて駐車させていた方もいました。朝の5時30分はまだ真っ暗で、特に二宮の駅前は真っ暗なので街宣車の看板のライトアップはよく目立ちました。時々、少しずつ車を動かしていたようです。いいのか悪いのかは知りませんが、宣伝効果は抜群です。当然、夜8時以降も同様にライトアップをしていました。さすがです。照明は絶対必要です。

運転手さんの労働については、32万2500円の公費負担の限度額上限の契約でしたので、二人か、あるいは、5日間の途中で他の運転手さんに交代にしてもらったほうが、安心して仕事をお願いできたと思います。足を痛くさせてしまい申し訳なかったですが、とても素晴らしい運転手さんでしたので、とても楽しく選挙運動ができました。私の大切な戦友です。もし、ハイヤー方式でなく運転手の雇用だけで契約をした場合は、立候補者一人につき、一日一人に限り、公費負担の対象となっています。ちなみに一日当たりの上限額は1万2500円となっています。よって、二人めは自費での契約となります。

12 街宣車の運行は所管の警察署長の許可が必要

選挙運動用自動車の屋根の掲示板を取りつけて立候補者氏名や写真等を記載した特別な車両、いわゆる街宣車を運行することについては、所管の警察署長の許可が必要となります。

私の場合はハイヤー方式の契約で、契約相手のハイヤー会社（一般旅客運送事業者）さんがやってくれたので、大変助かりました。

【設備外積載許可申請書】には、申請者は運転する方の住所と氏名を、「申請書の免許の種類」、「車両の種類」、「車両の諸元」、「運搬品名」、「制限を超える大きさ又は重量」、「制限をこえる積載の方法」等を記載し、「運転期間」は実際に街宣車を運行させる期間（私の場合：令和4年11月15日～11月20日）、「運転経路」は、出発地は私の自宅兼選挙事務所の住所を記入し、経由地は二宮町町内、目的地は再び、自宅兼選挙事務所の住所を書き入れてもらいました。

提出期限は令和4年11月7日（月）でしたが、11月4日に所管の警察署に提出してくれました。申請書と添付書類は正副2部で、添付書類は車検証の写し、運転する方の運転免許証の写し、二宮町全地図、そして、掲示板を取りつけた車両見取り図（側面・正面）です。

別記様式第四（第８条関係）

制限外積載
設備外積載　許　可　申　請　書
荷台乗車

令和　　年　　月　　日

大　磯　　　警　察　署　長　殿

申請者　住　所　　①
　　　　氏　名　　㊞

申請者の免許の種類	②		免許証番号	③				
車両の種類	④		番号標に表示されている番号			⑤		
車両の諸元	長さ		幅	高さ		最大積載重量		
	⑥ m		m	m		kg		
運搬品名	⑦							
制限を超える大きさ又は重量	長さ		幅	高さ		重量		
	⑧ m		m	m		kg		
制限を超える積載の方法	前		後	左		右		
	⑨ m		m	m		m		
設備外積載の場所				荷台に乗せる人員				
⑩				⑪				
運転の期間	⑫　年　月　日から　年　月　日まで							
運転経路	出発地	経由地		目的地				
	⑬							
	通行する道路	⑭						

制　限　外　許　可　証

第　　　号

上記のとおり許可する。ただし、次の条件に従うこと。

条　件	

年　　月　　日

警　察　署　長　印

【設備外積載許可申請書】

こうした書類には必ず、記載要領がついてきます。特に難しいものではありませんので、誤解や勘違いがないよう、落ち着いて読んで記入してください。

第四章　準備編その３
選挙に関する説明会と書類作成

13 選挙公営制度説明会
令和4年7月22日（金）

①開催を知らず、出席できなかった「選挙公営制度説明会」

二宮町選挙管理委員会は、令和4年7月22日（金）に選挙公営制度説明会を開きました。選挙を行なう11月20日（日）の4カ月前のことです。これを私はネットで把握できず、出席することができませんでした。

令和4年5月2日に二宮町選挙管理委員会から出された「二宮町議会議員及び二宮町長の任期満了に伴う選挙執行日程等について」（↓44、77ページに掲載）という書類は入手していたのですが、これには7月22日（金）の「選挙公営制度説明会」のことは載っていなかったので、この説明会があったことをちゃんと知ったのはこの書類に載っていた、10月11日（火）の説明会に行ったときでした。

すべて一人で選挙の準備をし、一人で朝の駅頭に立っていましたので、他の立候補者からの情報が入ってこなかったのも説明会に出席できなかった理由ですが、一番の理由は町のホームページやインターネットを頻繁にチェックしておかなかったことです。7月22日の選挙公営制度説明会に出席していれば、もう少し早く準備ができて楽だったと思います。

②二宮選挙公費負担制度について

令和４年７月22日（金）の選挙公営制度説明会で説明のあった事柄について、あとから二宮選挙管理委員会に聞いたものを記述します。説明会では、⑴選挙公営制度について、⑵選挙公営（公営負担）の手引きについて、そして⑶二宮選挙公費負担制度Q＆Aについての資料が配布され、説明されました。

まず、公費負担制度ですが、令和２年に公職選挙法の一部が改正になったことで新しくできた制度で、４年前の二宮町議会議員選挙が行なわれた時にはなかった制度でした。よって４年前の選挙の際、いままで立候補者自身がお金を支払っていた❶選挙運動用自動車の使用、❷選挙ポスターの作成、❸選挙運動用のビラの作成、にかかわることについて、限度額の範囲内ではありますが、立候補者の代わりに二宮町が各契約業者に直接その費用を支払うというものです。

まず、❶選挙運動用自動車の使用ですが、今回の二宮町議会議員及び二宮町長の選挙の場合、11月15日（火）の告示日から投票日である11月20日（日）の前日までの５日間に使用する街宣車の使用に関して、業者と立候補者が契約します。その契約した金額を選挙終了後に二宮町が立候補者を通さずに直接業者に支払うというものです。この契約内容に、街宣車に取りつけた15万円の看板代は含まれていません。

❷選挙ポスターの作成は、町内にある町議会議員選挙掲示板56カ所に貼る56枚のポスター作成料です。11月15日（火）の告示日に選挙管理委員会の受け付けが終了したら一斉に選挙ポスターを貼ります。これも選挙ポスターの作成業者と立候補者が契約し、その契約した金額を選挙終了後に二宮町が立候補者を通さずに直接業者に支払います。

❸選挙運動用のビラの作成もポスターと同様です。

この３つの契約で本来立候補者が各業者に支払う金額の上限は、①選挙運動用自動車の使用は、一般旅客運送事業者との契約（ハイヤーやタクシーの借り上げ）だと、１日あたり６万４５００円×５日間となり、32万２５００円が上限となります。これは、自動車の借り上げ契約（上限８万５００円）、燃料供給の契約（上限３万８５００円）、運転手雇用の契約（上限６万２５００円）もすべて含まれた一括契約です。

❷選挙ポスターの作成は１枚の上限が６１８９円で、二宮町の掲示板の場所が56カ所なので34万６５８４円が上限となります。

❸選挙運動用のビラの作成は、１枚の上限が７円73銭です。１６００枚まで作ってよいので、１万２３６８円が上限となります。

実際にどのように契約したか、いくら支払ったのかは、第五章（89ページ〜）で詳しく記載します。この７月22日の選挙公営制度説明会は欠席してしまいましたので、選挙の準備が遅れてしまいました。出席していれば、もう少し早く契約準備を始めることができ、もっと楽に準備ができたと思います。失敗でした。

令和４年５月２日

二宮町議会議員及び二宮町長の任期満了に伴う選挙執行日程等について

○任期満了日　　令和４年１１月２９日（火）　（二宮町議会議員及び二宮町長）

１．立候補予定者事前説明会
　日　時　　令和４年１０月１１日（火）　午前１０時から
　場　所　　二宮町町民センター2Aクラブ室

２．立候補予定者事前相談
　期　間　　令和４年１０月１８日（火）から２１日（金）まで
　時　間　　午前９時から午後５時まで
　場　所　　二宮町役場２階会議室

３．告示日・立候補届出受理
　日　時　　令和４年１１月１５日（火）　午前８時３０分から午後５時まで
　場　所　　二宮町町民センター2Aクラブ室

４．期日前投票
　日　時　　令和４年１１月１６日（水）～１９日（土）　午前８時３０分から午後８時まで
　場　所　　二宮町生涯学習センターラディアン

５．期日前投票【増設】
　日　時　　令和４年１１月１７日（木）～１９日（土）　午前９時から午後６時まで
　場　所　　二宮町町民サービスプラザ

６．不在者投票
　日　時　　令和４年１１月１６日（水）～１９日（土）　午前８時３０分から午後８時まで
　場　所　　二宮町役場２階　選挙管理委員会事務所

７．投票日
　日　時　　令和４年１１月２０日（日）　午前７時から午後８時まで
　投票所　　町内投票所８か所

８．開票日
　日　時　　令和４年１１月２０日（日）　午後８時５０分から
　場　所　　二宮町立二宮小学校体育館

【二宮町議会議員及び二宮町長の任期満了に伴う選挙執行日程等について】（再掲）
自治体の選挙管理委員会にいけば、こうした日程をまとめたものをもらえますが、書類に記載のない説明会や相談会がないかどうか、窓口で聞いたり、ネットで確認することをおすすめします。ほかの立候補者との情報交換もできるといいですね。

14　二宮町議会議員選挙及び二宮町長選挙立候補予定者事前説明会　令和4年10月11日（火）

①一人で参加したのは私だけだった？　10月の「事前説明会」

10月11日（火）に行なわれたこの説明会は、選挙に必要な書類を11月15日（火）の告示日に提出するための説明会です。この説明会に一人で来ていたのは、私だけだったかもしれません。立候補者本人が来ないで代理人の人が来ている陣営も多いようにみえました。一人でやるのですから早めに始めないといけないと思いましたし、選挙管理委員会に何度も確認して準備をしていかなければと思いました。

正式には、この説明会から始まるといってもいいぐらいです。もちろんこの説明会から始めていては間に合いませんが、正式にはここからです。この説明会を聞いて書類を作り始めていきますが、契約先はもう決めて、ある程度話を進めておいて、ここから正式に契約書の作成といったところです。そういうきっかけの日となります。

②この「事前説明会」までに考えておいたほうがいい契約事務作業等

この時点でやるかどうかを決定し、契約先を決める、あるいはそのための準備を進めておいたほうがいい案件は、概ね以下の10件です。

⑴告示日に、ポスターをポスター掲示板に貼りに行ってくれる業者との契約
⑵一般旅客運送事業者（選挙運動用自動車の使用業者）との契約（ハイヤー方式）
⑶選挙運動用ポスター作成事業者との契約
⑷選挙運動用ビラ作成業者との契約
⑸選挙運動用自動車に掲げる看板作製業者との契約
⑹葉書に関する作業
⑺選挙事務所設置等に関する作業
⑻報酬を支給する者を雇用したことに関する契約等の作業
⑼公営施設を使用する個人演説会の開催に関する作業
⑽新聞広告の掲載申請に関する作業

③10件の契約事務作業の取捨選択と作業の進捗状況

これら10件のなかで絶対に、しかも急いで決めなければならないのは、⑴から⑸までの契約先です。私はこの時点で⑴、⑶、⑷は決まっていましたが、⑵と⑸は決まっていませんでした。⑸選挙運動用自動車に掲げる看板作製業者は、⑵の一般旅客運送事業者（選挙運動用自動車の使用業者）の車に看板を載せるのですから、

⑵と⑸の契約先を同じにしたかったのですが、⑵と⑸の両方ともまだ決まっていませんでした。私はお金も時間もありませんでしたので、⑹から⑽はこの時点であきらめました。

⑹の葉書は、そもそも葉書を送る後援会等がないし、送る住所、氏名の情報もありませんでした。

本来の戦略としては、戸別訪問をして、自分に投票してくれそうかどうかの度合いをA、B、Cなどに分けて住所録を作り、Aは投票してくれる、Bは投票してくれるかわからない、Cは絶対投票してくれない、のそれぞれの数によって作戦を立て、葉書を送ります。しかし私には、戸別訪問をする時間がなかったですし、そういう秘密の住所録もありません。よって、葉書は初めからあきらめたのです。

自宅兼選挙事務所

⑺の選挙事務所設置等に関する作業ですが、選挙事務所を設置しても来てくれる人はいないだろうし、選挙運動中は自分自身で街宣車に乗り込みマイクをにぎり続ける訳ですから、選挙事務所で支持者を待っていることもできません。選挙事務所を設置するお金もないので、選挙事務所は立ち上げず、自宅を選挙事務所として使用しました。

⑻報酬を支給する者を雇用したことに関する契約等の作業ですが、この時点ではウグイス嬢を雇えるかわかりませんでしたので、準備していませんでした。

⑼公営施設を使用する個人演説会の開催に関する作業は、公営施設を利用して個人演説会ができるというもので

すが、私が個人演説会を開催しても後援会もありませんし、知られてもいませんから人が集まりません。これも利用しませんでした。

⑽新聞広告の掲載申請に関する作業ですが、選挙運動中に2回まで新聞広告を出せるというもので、掲載料金は有料です。いくらかかるかわかりませんが、高そうなのでやめました。この期間は選挙用のビラが、証紙を貼れば１６００枚まで配れるので、１３００枚ぐらいを2社の新聞折り込みにして配布しました。１３００枚の新聞折り込みで５１７０円かかりました。

④ 10月19日（水）から、合計4回行なった選挙管理委員会との事前相談

この10月11日（火）に説明を聴いたあと、書類の作成と契約を進めていきますが、10月18日（火）から21日（金）まで選挙管理委員会が事前相談をしてくれました。この事前相談は早いもの順だということなので、10月11日の説明会終了後すぐに、10月19日（水）10：00～10：50で予約を取りました。

この1回目の事前相談では、住所の正確な記載がポイントでした。いつものように、「神奈川県中郡二宮町＊＊92―45」と書いてしまったのですが、住民票だと「神奈川県中郡二宮町＊＊92番地の45」です。このあたりは正確に記入する必要があり、そのように訂正しました。事前相談に行った19日で、選挙公報の原稿、ビラとポスターの現物、ハイヤー方式の契約書、ビラとポスターの契約書、を残して他の書類の準備は整いました。

結果として、選挙管理委員会には10月19日（水）10時に書類全般、11月2日（水）9時に選挙公報掲載文、11月8日（火）17時にポスターとビラ、11月10日（木）9時に一般旅客運送事業者（選挙運動用自動車の使用業者）との契約書、選挙運動用ポスター作成事業者との契約書及び選挙運動用ビラ作成業者との契約書、をそ

れぞれ見てもらい完成。そのあと、封筒にハンコで割印をしてもらって持ち帰り、11月15日（火）の告示日に会場で提出という運びになりました。告示日に提出する書類に不備がないよう、また書類確認に時間がかからないようにするための準備をしていた訳です。

⑤事前相談で相談し作成した書類

10月11日（火）の事前説明会でもらった届出書類は23種類。しかし、全員が23種をすべて提出するわけではありません。具体的に見ていってみましょう。**私のケースを具体例として記していきますが（注：公示日や選挙運動期間など日付の記入も、令和4（2022）年の二宮町議会議員選挙での日付です）、立候補する人の状況によっても異なるので、あくまでも参考例として読んでいってください。**

また、書類の書式ですが、これも令和4年の二宮町での選挙にかかわる届出書類です。自治体によって大きく変わるわけではありませんが、なにかのタイミングで書式などが変わる可能性があります。もし、市区町村議会に立候補する際には、事前説明会に必ず出席して、確認をしてください。

ちなみに、④で住所について正確に記入する必要があると書きましたが、名前も同様。名前はすべて立候補者名「古谷健司」であって、通称名「古谷けんじ」で書いてはいけません。通称名は⑧の書類で申請します。

立候補者届出関係

①**【二宮町議会議員選挙候補者届出書】**（本人届出）

①【二宮町議会議員選挙候補者届出書】

通常の活字・書体にて可　㉛

令和４年11月15日

※ 午前／午後　　時　　分　受理

選挙長		主任	

二宮町議会議員選挙候補者届出書（本人届出）

ふりがな 候補者	ふるや　けんじ 古谷　健司	性別	男
本籍			
住所	神奈川県中郡二宮町二宮9?―45パシフィックコーポ○号		
生年月日	大正・(昭和)・平成　37年3月18日（満60歳）		
党派	無所属	職業	無職
一のウェブサイト等のアドレス	kfuruya0318@gmail.com		
選挙	令和４年11月20日執行　二宮町議会議員選挙		
添付書類	1. 供託書　4. 戸籍の謄本又は抄本 2. 宣誓書 3. 所属党派証明書		

上記のとおり関係書類を添えて立候補の届出をします。

令和４年11月15日

二宮町議会議員選挙

選挙長　二梃木　克已　殿

氏名　古谷　健司

備考　1. 「生年月日」欄の年齢は、選挙の期日現在の満年齢を記載してください。

2. 公職選挙法第86条の４第４項に規定する政党その他の政治団体の証明書を有しない者は、「党派」欄に「無所属」と記載してください。

3. 公職選挙法施行令第89条第４項の場合においては、「党派」欄に当該政党その他の政治団体の名称のほか、その略称を「（略称）何々」と記載してください。

4. 「職業」欄には、職業をなるべく詳細に記載し、兼職を禁止されている職にある者については、その職名又は地方自治法第92条の２に規定する関係にある者については、その旨を記載してください。

5. 「一のウェブサイト等のアドレス」欄には、選挙運動のために使用する文書図画を頒布するために利用する一のウェブサイト等のアドレスを記載することができます。

6. 候補者本人が届け出る場合にあっては本人確認書類の提示又は提出を、その代理人が届け出る場合にあっては委任状の提示又は提出及び当該代理人の本人確認書類の提示又は提出を行ってください。ただし、候補者本人の署名その他の措置がある場合はこの限りではありません。

この書類は、提出しました。

この用紙には、供託書、宣誓書、所属党派証明書、戸籍謄本又は抄本の添付が必要となります。

②**【二宮町議会議員選挙候補者届出書】**（推薦届出）

この書類は自分自身で出馬し、他の人に推薦してもらって出馬するわけではないので、提出しません。

③**【候補者推薦届出承諾書】**

この書類は推薦ではないので提出しません。

④**【推薦届出代表者証明書】**

この書類は推薦ではないので提出しません。

⑤**【選挙人名簿登録証明願】**

この書類は推薦届出書の添付書類なので、提出しません。

⑥【宣誓書】（本人・推薦共通）

この書類は、①【二宮町議会議員選挙候補者届出書】の添付書類なので、提出します。

⑦【所属党派証明書】（本人・推薦共通）

この書類は、私が無所属なので提出しません。

①【二宮町議会議員選挙候補者届出書】の中に、所属の欄があるので、そこに「無所属」と書きます。

⑥【宣誓書】

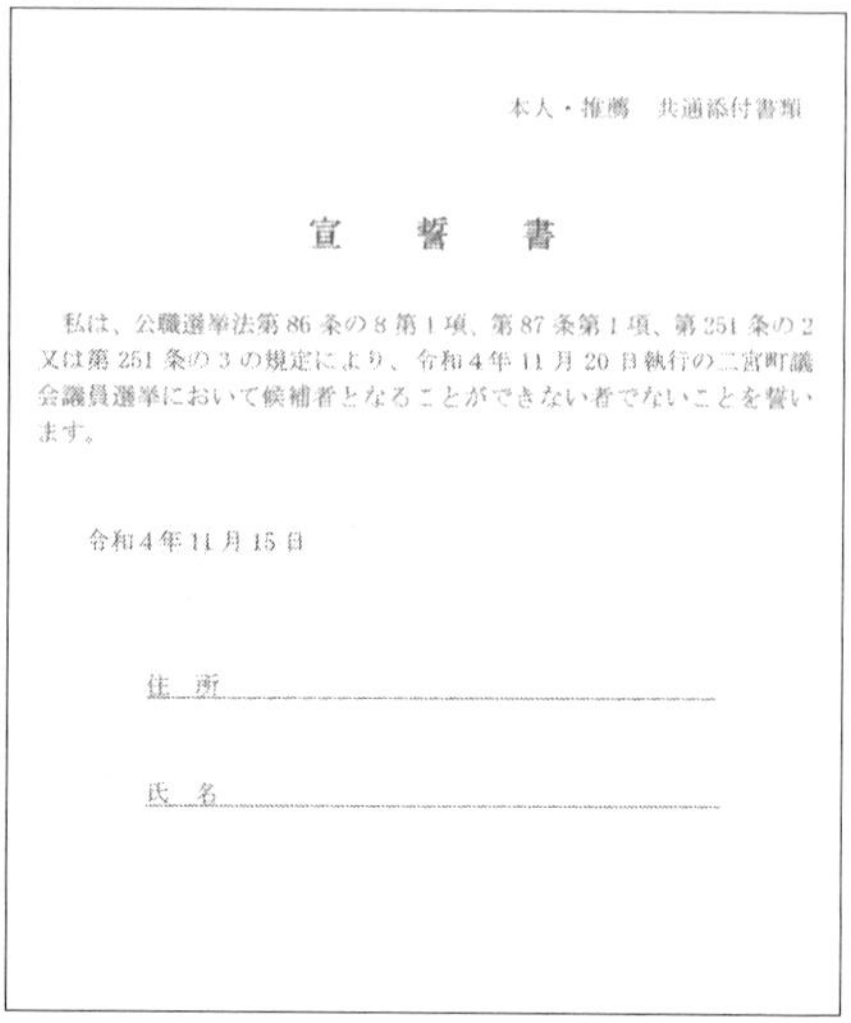

本人・推薦　共通添付書類

宣　誓　書

私は、公職選挙法第86条の8第1項、第87条第1項、第251条の2又は第251条の3の規定により、令和4年11月20日執行の二宮町議会議員選挙において候補者となることができない者でないことを誓います。

令和4年11月15日

住　所

氏　名

⑧【通称認定申請書】（本人・推薦共通）

この書類は提出しました。名前に難しい漢字や読みにくい漢字があるとき、町民の方が投票の際に書きにくかったり、何と読んでいいか迷ったりするのを防ぐ目的で、通称名を使わせてもらうためのものです。私は「古谷健司」ですが、「古谷けんじ」という通称名を使う申請をしました。

⑨【二宮町議会議員選挙候補者辞退届書】

これは立候補をやめるときに使う書類なので提出しません。

⑧【通称認定申請書】

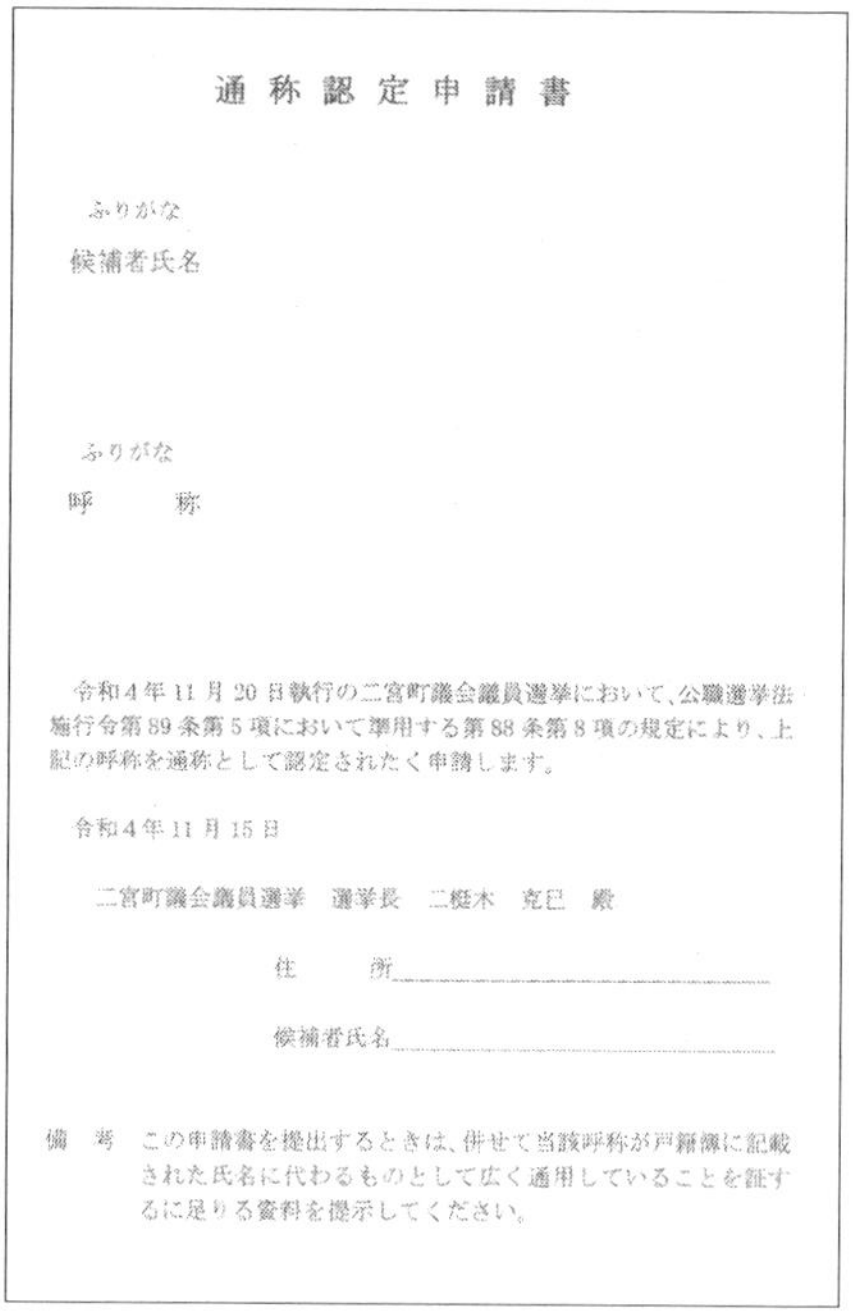

通　称　認　定　申　請　書

ふりがな
候補者氏名

ふりがな
呼　　　称

令和4年11月20日執行の二宮町議会議員選挙において、公職選挙法施行令第89条第5項において準用する第88条第8項の規定により、上記の呼称を通称として認定されたく申請します。

令和4年11月15日

二宮町議会議員選挙　選挙長　二梃木　克巳　殿

住　　　所

候補者氏名

備　考　この申請書を提出するときは、併せて当該呼称が戸籍簿に記載された氏名に代わるものとして広く通用していることを証するに足りる資料を提示してください。

諸用紙関係

⑩【選挙事務所設置・異動・（廃止）届出書】
⑪【選挙事務所設置・異動・（廃止）承諾書】

この２枚の書類は、選挙事務所を設置するとき提出する書類です。私は事務所を設置しませんでしたので、これらの書類は提出していません。

⑫【出納責任者選任（異動）届】
⑬【出納責任者選任（異動）承諾書】

この書類は、全員提出します。

⑫の【出納責任者選任（異動）届】用紙は、推薦者が選任して提出することもできますが、その際には立候補者の承諾を得たことを証明する⑬【出納責任者選任（異動）承諾書】用紙も一緒に提出します。私の場合は、全部一人で行ないましたので、悩んだのは出納責任者をだれにできるかです。調べた結果、立候補者本人でもよいということでしたので、立候補者である自分自身を出納責任者として選任して⑫【出納責任者選任（異動）届】届出書を提出しました。よって⑬【納責任者選任（異動）承諾書】用紙は提出しません。

⑫【出納責任者選任（異動）届】

出納責任者（選任／異動）届

1	新出納責任者氏名	年　月　日生（満　歳）	
	住所		
	職業		
	電話番号	局　番（呼出）	
2	旧出納責任者氏名	※	年　月　日生（満　歳）
3	（選任／異動）年月日	年　月　日	
4	異動の理由	※	
5	候補者氏名		

年　月　日執行の　　　　選挙における出納責任者を上記のとおり（選任／異動）したので届け出ます。

年　月　日

二宮町選挙管理委員会委員長　殿

選任者　住所
　　　　氏名

備考
1　推薦届出者が選任した場合は、候補者の承諾を得たことを証明する書面（出納責任者選任（異動）承諾書）を添付してください。
　なお、推薦届出者が数人あるときは、代表者であることを証明する書面（推薦届出代表者証明書）をあわせて添付してください。
2　解任又は辞任による異動の場合は、公職選挙法第181条第２項に規定する文書を添付してください。
3　※印欄は、異動届のときのみ記入してください。
4　選任者本人が届け出る場合にあっては本人確認書類の提示又は提出を、その代理人が届け出る場合にあっては委任状の提示又は提出及び当該代理人の本人確認書類の提示又は提出を行ってください。ただし、選任者本人の署名その他の措置がある場合にはこの限りではありません。

⑭【選挙立会人となるべき者の届出書兼承諾書】

この選挙立会人は開票立会人を兼ねています。開票立会人はやってみたかったのですが、開票のころはへとへとに疲弊していると思ったのでやめました。よって提出していません。この書類だけは選挙の期日前3日の午後5時までに（二宮町の今回の選挙の場合だと、11月17日）提出する決まりとなっています。

⑮【個人演説会開催申出書】

個人演説会の開催を公営施設で行なうときに出す書類です。公営施設使用の個人演説会の開催場所は「学校及び公民館」、「地方公共団体が管理する公会堂」、あるいは「町の選挙管理委員会が指定した施設」となっています。ただ、演説会を開催しても誰も来ないだろうと思っていましたし、他のことで手一杯だったので、演説会は開催しませんでした。よってこの書類は提出していません。

⑯【報酬を支給する者の届出書】

この書類は、当初提出するつもりはありませんでした。誰にも手伝ってもらわずに一人でやるつもりだったからです。ハイヤー方式で運転してくれる方が一人来るので、その方と二人で告示日から投票日前日までの間、がんばろうと思っていました。しかし、途中で応援してくれる方ができたので、その方にウグイス嬢をお願いすることにしました。報酬が発生するため、急きょ、この書類の提出が必要になったのです。

この書類には次の各欄があり、手伝ってくださる方の氏名、住所、年齢、性別、使用する者の別（ここには「車上運動員」と書きます）、お手伝いいただく期間（11／15〜11／19）、備考（なし）と書きます。

ここで気をつけなければいけないことは、この用紙に書いた氏名等の情報はインターネットで公開されてしまうということです。また領収書の宛名もインターネットで公開されてしまうので、気をつけましょう。提出するとき、選挙管理委員会に相談してください。

⑰【再交付申請書】

11月15日に立候補したときに交付された物品が10個ほどありましたが、ここで交付された物品を紛失あるいは破損・汚損したときに、再交付してもらうときに必要な申請書です。私は紛失等しなかったので、この再交付申請書は提出していません。

⑱【出納責任者職務代行開始（終了）届】

決定している出納責任者の代わりに出納責任者職務代理者が代行をする場合に提出する書類です。私自身が出納責任者で、代行もしていませんので、この書類は提出していません。

⑲【選挙運動費用収支報告書】

この書類は、絶対に提出しなければならない報告書です。選挙終了後に提出する書類ですが、第1回分は、選挙投票日の11月20日の後、12月5日（月）の午後5時までに提出となっています。第1回分というのは、12月5日までに清算できないもの、たとえば選挙事務所の家賃等の清算もあるようなので、とりあえず第1回分として12月5日までに清算できた分を書いて提出し、2回め、3回めが必要であれば再度出す、というものです。この収支報告書もインターネットで公開されますので、個人情報についてはくれぐれも注意してください。

⑳【選挙運動用ビラ届出書】

この書類は提出しました。提出して、ビラを配らないと選挙に勝てません。町議会議員選挙は、１６００枚までとなっています。

㉑【（ポスター掲示場設置一覧表の）受領書】

ポスター掲示場ポスター掲示場設置一覧表は、56カ所のポスターの掲示板が設置されている住所と場所が表になっており、そこに図面表示番号が記載されています。この図面表示番号がポスター掲示場設置個所図面（二宮町の全部地図）に落とされているものです。とても大切なものなので、受領書があるのでしょう。

このポスター掲示場設置一覧表とポスター掲示場設置一覧表図面はコピーをとり、日本急送株式会社に原本を10月26日に送りました。この図面を見て、日本急送株式会社は11月15日告示日の受付が終わったときすぐに、56カ所の掲示板にポスターを貼ってくれました。

選挙公報関係

㉒【選挙公報掲載申請書】

この書類は提出しました。選挙公報は町民の方が、だれに投票するかを決めるために見る大事なもの。これを見て決めるといっても過言ではないくらい重要なものです。申請書は提出期限に先駆けて、10月19日（水）に相談し、内容を確認してもらい、公報の原稿は11月2日（水）に提出しました。

㉓【選挙公報掲載文撤回（修正）申請書】

この書類は、一度提出した掲載文を修正あるいは撤回して出し直したいときに出す書類ですが、告示日（11月15日）より前に提出しているので、告示日より前ならこの申請書を出さなくても修正等できると思います。

第五章　準備編その４
公費負担の基本

15　公費負担の契約

『選挙公営（公費負担）の手引き』

①公費で負担してくれる3つの選挙運動費と供託物没収点

二宮町においては今回の選挙からの新しい制度ですが、公費で負担してくれる選挙運動費が３つあります。⑴選挙運動用自動車の使用、⑵選挙運動用ポスターの作成、⑶選挙運動用ビラの作成の３つです。これらの費用を負担してもらえる立候補者は供託物没収点以上の得票を得た方に限られます。供託物を没収される立候補者についてはすべて自己負担になってしまいます。この供託物没収点とは、

有効投票総数÷議員定数×１／10 ＝供託物没収点

ですので、今回の二宮町の町議会選挙での数値を入れていくと、

１万２５３２（人）÷14（人）×１／10＝89・５（人）

となり、小数点以下を切り上げて、90票となります。

90票以上とれば公費も負担してくれるし、供託金も没収されません。

※「供託金」については、１３１ページもあわせてご覧ください。

⑴ 選挙運動用自動車の使用（『選挙公営（公費負担）の手引き』７ページ）

選挙運動用自動車の使用に関しては２通りの契約方法があり、まず１つには、❶一般乗用旅客自動車運送事業者と契約する方法（ハイヤー・タクシの借り上げ）があります。これは、一般乗用旅客自動車運送事業者（以後、ハイヤー会社）と一括契約をするもので、ハイヤー会社を経営する者と燃料及び運転手込みで自動車を借り入れる契約をする方法です。

そしてもう１つは❷自動車のレンタルの契約、❸燃料供給の契約、❹運転手雇用の契約の３つを別々に契約する方法です。この契約方法だと、車があれば２つの契約を結べばいい訳です。私は３つとも持っていなかったので、３つの契約を結ばなくてはならず、３つの契約を別々にするのはとても大変だと思ったので、一括方式を選びました。ですので、選挙運動用自動車の使用に関しては、❶ハイヤー会社と契約（ハイヤー・タクシの借り上げ）をする方法を説明します。

ちなみに、一般旅客運送事業者として契約してくれるハイヤー会社は二宮町にはなく、神奈川県でも見つけられず、結局、千葉県にある業者と契約。通ってもらうのは大変なので、５日間分のホテルを自分持ちで準備しました。公職選挙法に触れないようにと考え、ホテル代に朝食は含めませんでした。

この選挙運動用自動車の使用（ハイヤー契約）ですが、１つの契約書と３つの書類（契約届出書、自動車使用証明書そして請求書）を必要とします。

92ページに手順の図解と必要な書類一覧を載せました。その解説を次ページからまとめていますが、ここで使う①〜⑤は、この手順と必要な書類一覧の①〜⑤に該当します。

【選挙運動用自動車の使用（ハイヤー契約）の段取り】

選挙運動用自動車の使用（ハイヤー契約）

（一般乗用旅客自動車運送事業者との契約による場合）

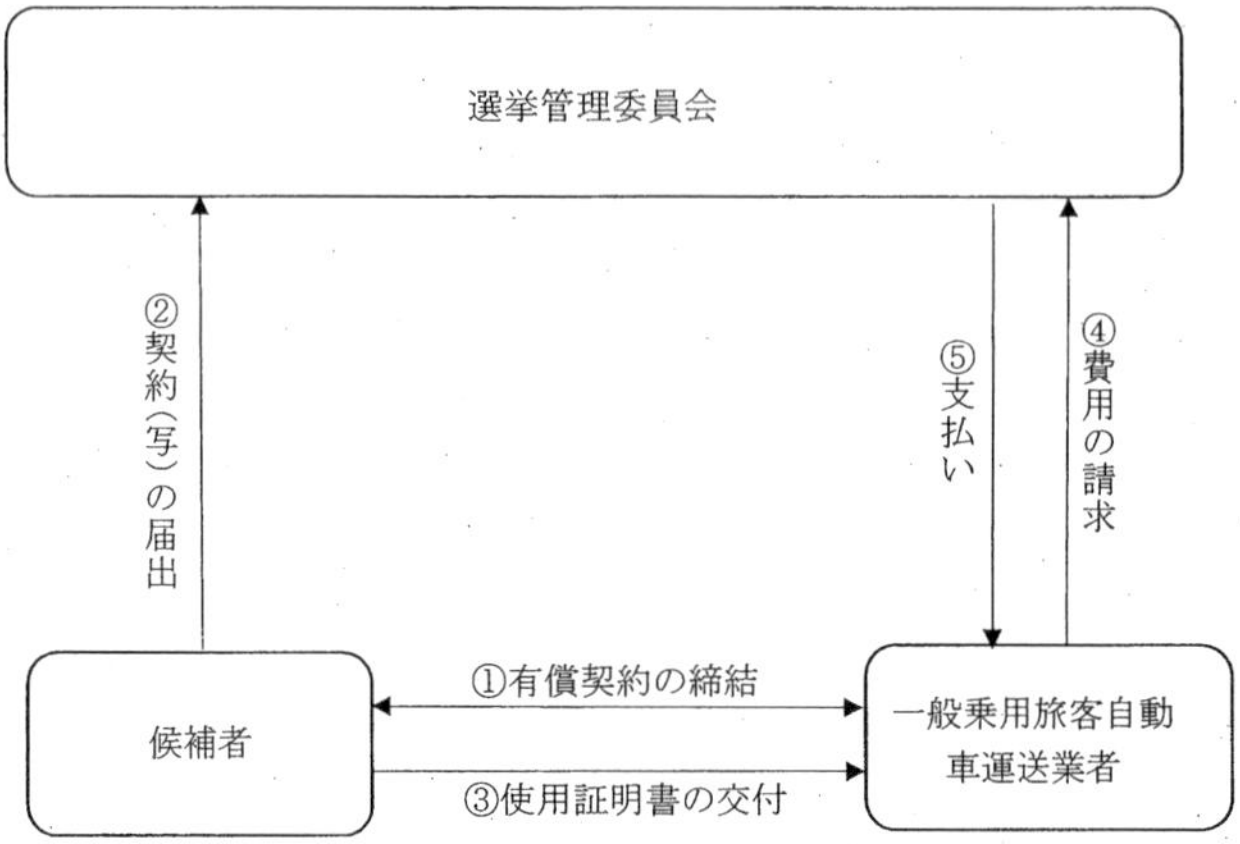

手続の順序	必要な書類	添付書類
①有償契約の締結 (候補者と運送業者)	選挙運動用自動車使用契約書(契約に関する書面)	
②契約(写)の届出 (候補者⇒町選管)	選挙運動用自動車の使用の契約届出書【第1号様式】	①の契約書写し
③使用証明書の交付 (候補者⇒運送業者)	選挙運動用自動車使用証明書(自動車)【第10号様式(1)】	
④費用の請求 (運送業者⇒町選管)	請求書(選挙運動用自動車の使用)【第13号様式(1)】 請求内訳書【第13号様式(1)別紙その1】	③の使用証明書
⑤支払い (町選管⇒運送業者)		

※供託物が没収される候補者の費用について、運送業者は町長へ④の請求することができません。

※町長に対する④の請求は、二宮町選挙管理委員会で受け付けます。

選挙運動用のハイヤー契約は、上のような手順があり、それぞれに必要な契約書や届出書が法律で定められています。少々煩雑ですが、公費負担を求めるものなので、記入例を落ち着いて読んで、間違いのないように記入しましょう。

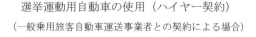

①は「有償契約の締結」です。これは立候補者と一般乗用旅客自動車運送事業者であるハイヤー会社の間での契約。実際に私が提出した契約書を左に載せました。契約書には名前と住所を書き入れ、押印し、印紙を貼ればいいようになっています。ただ、『選挙公営（公費負担）の手引き』に掲載されている契約書では、もし立候補者が議員定数に満たない、あるいは同数で無投票になったとき、町は1日分の6万4500円しか公費負担してくれず、あとの4日分6万4500円×4日分＝25万8000円は自分で支払うことになるかもしれません。25万8000円を全額支払いたくないのなら自動車運送事業者に確認して、はっきりわかるように作り変えてもらったほうがいいと思います。日付は告示日

①【自動車一般運送契約書（町長・町議共通）】

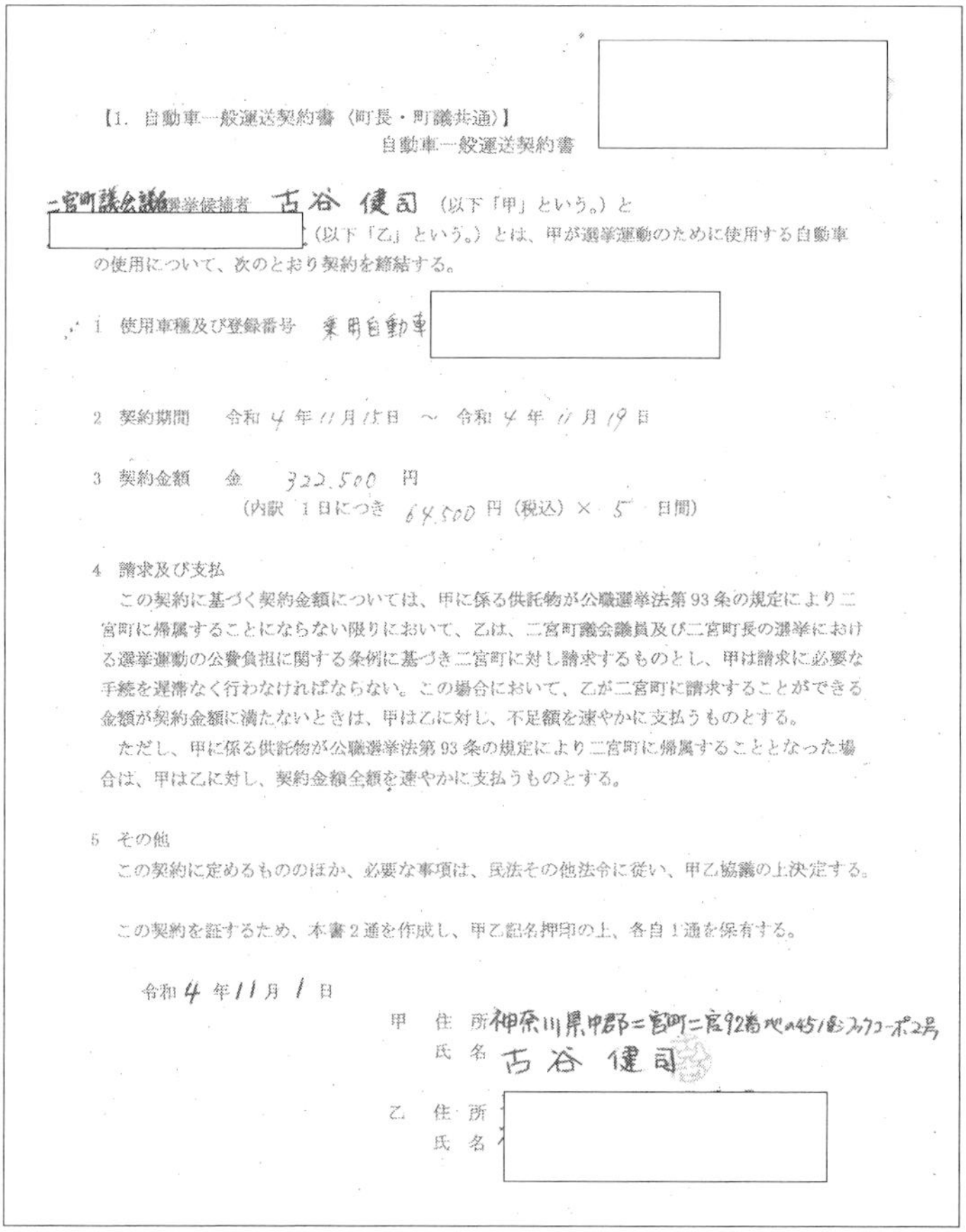

[redacted]

【1. 自動車一般運送契約書（町長・町議共通）】

自動車一般運送契約書

二宮町議会議員選挙候補者　古谷　健司（以下「甲」という。）と

[redacted]（以下「乙」という。）とは、甲が選挙運動のために使用する自動車の使用について、次のとおり契約を締結する。

1　使用車種及び登録番号　乗用自動車[redacted]

2　契約期間　令和４年11月15日　～　令和４年11月19日

3　契約金額　金　322,500　円

（内訳　１日につき　64,500円（税込）×　５　日間）

4　請求及び支払

この契約に基づく契約金額については、甲に係る供託物が公職選挙法第93条の規定により二宮町に帰属することにならない限りにおいて、乙は、二宮町議会議員及び二宮町長の選挙における選挙運動の公費負担に関する条例に基づき二宮町に対し請求するものとし、甲は請求に必要な手続を遅滞なく行わなければならない。この場合において、乙が二宮町に請求することができる金額が契約金額に満たないときは、甲は乙に対し、不足額を速やかに支払うものとする。

ただし、甲に係る供託物が公職選挙法第93条の規定により二宮町に帰属することとなった場合は、甲は乙に対し、契約金額全額を速やかに支払うものとする。

5　その他

この契約に定めるもののほか、必要な事項は、民法その他法令に従い、甲乙協議の上決定する。

この契約を証するため、本書２通を作成し、甲乙記名押印の上、各自１通を保有する。

令和４年11月１日

甲　住　所　神奈川県中郡二宮町二宮92番地の45 1階ファクコーポ2号

氏　名　古谷　健司

乙　住　所　[redacted]

氏　名

（11月15日）より前なら大丈夫とのことでした。

②の「契約（写）の届出」ですが、①の契約書を立候補者とハイヤー会社が結んだあと、その契約書のコピーを選挙管理委員会に提出します。その際に、選挙運動用自動車の使用の契約届出書を頭紙として提出します（下：契約届出書の記入例）。

③「使用証明書の交付」は、立候補者

②頭紙【第１号様式（第２条関係）選挙運動用自動車の使用の契約届出書（記入例）】

第１号様式（第２条関係）

選挙運動用自動車の使用の契約届出書（記入例）

届出日を記載
（告示日以降の日）

令和４年11月15日

二宮町選挙管理委員会委員長　様

１と２は、どちらかのみ届出可能

契約書と同一の押印
（氏名を自書の場合押印省略可）
※戸籍名で記載

候補者　住所　二宮町二宮○○○番地
　　　　氏名　二宮　太郎　（二宮）

次のとおり選挙における選挙運動用自動車の使用の契約を締結したので、二宮町議会議員及び二宮町長の選挙における選挙運動の公費負担に関する条例第３条に基づき届け出ます。

1. 一般乗用旅客自動車運送業者との契約の場合【ハイヤー方式】

契約書の内容を記載

契約年月日	契約の相手方氏名、住所及び電話番号（法人は名称、代表者氏名、所在地及び電話番号）	契約内容		備考
		運送契約期間	運送契約金額	
令和４年11月１日	平塚市▲▲○○番地 株式会社●●タクシー 代表取締役　神奈川一郎 ○○○○－○○－○○○○	令和４年11月15日 ～ 令和４年11月19日	300,000円	１日あたり 60,000円

2. 一般乗用旅客自動車運送事業者以外の者との契約の場合【個別方式】

契約書の内容を記載

項目 区分	契約年月日	契約の相手方氏名、住所及び電話番号（法人は名称、代表者氏名、所在地及び電話番号）	契約内容		備考
			借入れ期間等	契約金額	
自動車の借入れ	令和４年 11月１日	二宮町▲▲○○番地 株式会社●●レンタル 代表取締役　吾妻山次郎 ○○○○－○○－○○○○	令和４年11月15日 ～ 令和４年11月19日	70,000円	１日あたり 14,000円
燃料代	令和４年 10月25日	二宮町山西○○番地 株式会社●●石油 代表取締役　山西三郎 ○○○○－○○－○○○○	湘南○○ あ○○－○○	15,000円 （契約単価18 150　円）	
運転手の雇用	令和４年 11月１日	二宮町▲▲○○番地 相模五郎 ○○○○－○○－○○○○	令和４年11月15日 ～ 令和４年11月19日	50,000円	１日あたり 10,000円

自動車登録番号
または車両番号を記載

単価契約の場合は
見込額及び契約単価を記載

備考

1．この契約届出書には、契約書…

2．２の「契約内容」欄の「借…「借入れ」は借…は燃料供給量並びに燃料の供…車の車種及び…は車両番号、「運転手の雇用」は雇用期間を記載してください。

3．「燃料代」にあっては、単価契約を締結した場合には、「契約金額」に契約単価を記載してください。（この場合には、「契約金額」には、契約見込額を記載して差し支えありません。）

4．候補者本人が届け出る場合にあっては本人確認書類の提示又は提出を、その代理人が届け出る場合にあっては委任状の提示又は提出及び当該代理人の本人確認書類の提示又は提出を行ってください。ただし、候補者本人の署名その他の措置がある場合はこの限りではありません。

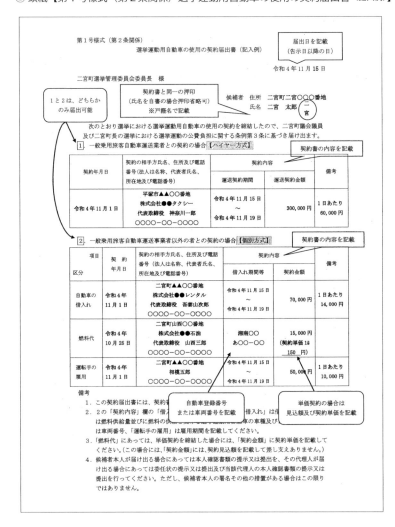

からハイヤー会社に渡すもので、【第10号様式選挙運動用自動車使用証明書】を使用します。ここにも私が実際に提出した証明書を貼っておきます（左）。

③【第 10 号様式　選挙運動用自動車使用証明書（自動車)】

第 10 号様式（１）（第５条関係）

選挙運動用自動車使用証明書（自動車）

令和４年11月15日 24日

令和４年11月20日 15日執行二宮町議会議員選挙

候補者　住所　二宮町二宮92番地の45パシフィックコーポ2号

氏名　古谷健司

次のとおり選挙運動用自動車を使用したものであることを証明します。

運送等契約区分 （該当する方の番号に○をしてください。）	① 一般乗用旅客自動車運送事業者との運送契約の場合 ２　一般乗用旅客自動車運送事業者以外の者との契約の場合	
運送事業者等の氏名、住所及び電話番号(法人は名称、代表者氏名、所在地及び電話番号)	東京都	
車種及び登録番号又は車両番号	運送等年月日	運送等金額
乗用自動車　品川 300 い 2065	令和４年 11 月 15 日～ 令和４年 11 月 19 日	322500 円

備考

1. この証明書は、使用の実績に基づいて、運送事業者等ごとに別々に作成し、候補者から運送事業者等に提出してください。
2. 運送事業者等が二宮町に支払を請求するときは、この証明書を請求書に添付してください。
3. この証明書を発行した候補者について供託物が没収された場合には、運送事業者等は、二宮町に支払を請求することはできません。
4. 同一の日において一般乗用旅客自動車運送事業者との運送契約（「運送等契約区分」欄の１）とそれ以外の契約（「運送等契約区分」欄の２）とのいずれもが締結された場合には、公費負担の対象となるのは候補者の指定する一の契約に限られていますので、その指定をした一の契約のみについて記載してください。
5. 同一の日において一般乗用旅客自動車運送事業者との運送契約又はそれ以外の契約により２台以上の選挙運動用自動車が使用される場合には、公費負担の対象となるのは候補者の指定する１台に限られていますので、その指定をした１台のみについて記載してください。
6. ４の場合には、候補者の指定した契約以外の契約及び５の場合には候補者の指定した選挙運動用自動車以外の選挙運動用自動車については、二宮町に支払を請求することはできません。
7. 公費負担の限度額は、選挙運動用自動車１台につき１日当たり次の金額までです。
   (1)　一般乗用旅客自動車運送事業者との運送契約による場合　64,500 円
   (2)　一般乗用旅客自動車運送事業者以外の者との契約の場合　16,100 円

11月15日告示日に提出する書類で、右上には、「令和4年11月20日執行二宮町議会議員選挙」と、その下に、候補者の情報として、選挙事務所と選挙名を記入してあります。運送等契約区分は、私が契約した相手は「一般乗用旅客自動車運送事業者」でしたので、「1」に○をつけました。

④「費用の請求」は、ハイヤー会社から選挙管理委員会に請求するもので、【第13号様式(1)請求書（選挙運動用自動車の使用)】と【第13号様式(1)　別紙その1（請求内訳書)】を③の証明書と一緒に提出するものです。

本来の段取りとしては、立候補者からハイヤー会社に渡し、ハイヤー会社から選挙終了後に選挙管理委員会に提出する書類ですが、私を含めほとんどの候補者は、事前に選挙管

④【第13号様式(1)　請求書（選挙運動用自動車の使用)】

第13号様式（1）（第6条関係）

請求書（選挙運動用自動車の使用）

令和 4 年11月21日

二宮町長　様

住所
氏名
電話
（法人は名称、代表者氏名、
所在地及び電話番号）

二宮町議会議員及び二宮町長の選挙における選挙運動の公費負担に関する条例第４条の規定により、次の金額の支払を請求します。

請求金額	322500　円	
内　訳	別添請求内訳書のとおり	
選挙名	令和　4　年　11　月　20　日執行　二宮町議　町長　選挙	
候補者の氏名	古谷　健司	
振込先	金融機関・支店名	
	預金種別	普通・当座
	口座番号	
	（フリガナ） 口座名義人	

備考

1. この請求書は、候補者から受領した選挙運動用自動車使用証明書（燃料代を請求する場合には、この他に選挙運動用自動車燃料代確認書及び給油伝票（燃料の供給を受けた日付、燃料の供給を受けた選挙運動用自動車の自動車登録番号のうち自動車登録規則（昭和45年運輸省令第７号）第13条第１項第４号に規定する４桁以下のアラビア数字又は車両番号のうち道路運送車両法施行規則（昭和26年運輸省令第74号）第36条の17第１項第４号若しくは第36条の18第１項第３号に規定する４桁以下のアラビア数字、燃料供給量及び燃料供給金額が記載された書面で、燃料供給業者から給油の際に受領したものをいう。）の写し）とともに選挙期日後速やかに提出してください。
2. 候補者が供託物を没収された場合には、二宮町に支払を請求することはできません。
3. 燃料代の請求は、契約届出書に記載された選挙運動用自動車に供給したもので、選挙運動用自動車燃料代確認書に記載された「確認金額」の範囲内に限られています。

理委員会にチェックしてもらい、選挙終了後の日付11月21日で作成したものを、告示日に立候補者から選挙管理委員会に渡していました。

④【第13号様式⑴　別紙その１（請求内訳書）】

（別紙）その１

請求内訳書（一般乗用旅客自動車運送事業者との運送契約により自動車を使用した場合）

使用年月日	運送金額（ア）	基準限度額（イ）	請求金額	備考
令和４年11月15日	円　台　円 ×1＝	円　台　円 64500×1＝64500	64500円	
令和４年11月16日	×1＝	64500×1＝64500	64500円	
令和４年11月17日	×1＝	64500×1＝64500	64500円	
令和４年11月18日	×1＝	64500×1＝64500	64500円	
令和４年11月19日	×1＝	64500×1＝64500	64500円	
計			322500円	

備考
1.「請求金額」欄には、(ア)又は(イ)のうちいずれか少ない方の金額を記載してください。

⑤「支払い」は、④「費用の請求」を受けて、選挙管理委員会がハイヤー会社に直接支払います。

選挙管理委員会は、選挙前はもとより選挙後も大変厳しいスケジュールの中で作業をしていくため書類の間違えがないよう事前にチェックしてくれています。ハイヤー契約なら1つの契約書と3つの書類を提出すれば済みますが、ハイヤー方式でなければ自動車の借入れ、燃料供給、運転手の雇用の3本の契約をハイヤー契約と同様にしなければならないので書類も3倍作成しなければなりません。一人で全部やりますので、ハイヤー方式が一番よかったと思っています。それにしても、ほとんどすべての書類をハイヤー会社さんが作成してくれたので、大変助かりました。

(2)選挙運動用ポスターの作成（『選挙公営（公費負担）の手引き』17ページ）

次に選挙運動用ポスターの作成です。「(1)選挙運動用自動車の使用」の解説と同様に、まずは手順の図解と必要な書類一覧を載せます（下）。

解説文で使う①〜⑧は、この手順と必要な書類一覧の①〜⑧に該当します。

【選挙運動用ポスターの作成の段取り】

選挙運動用ポスターの作成

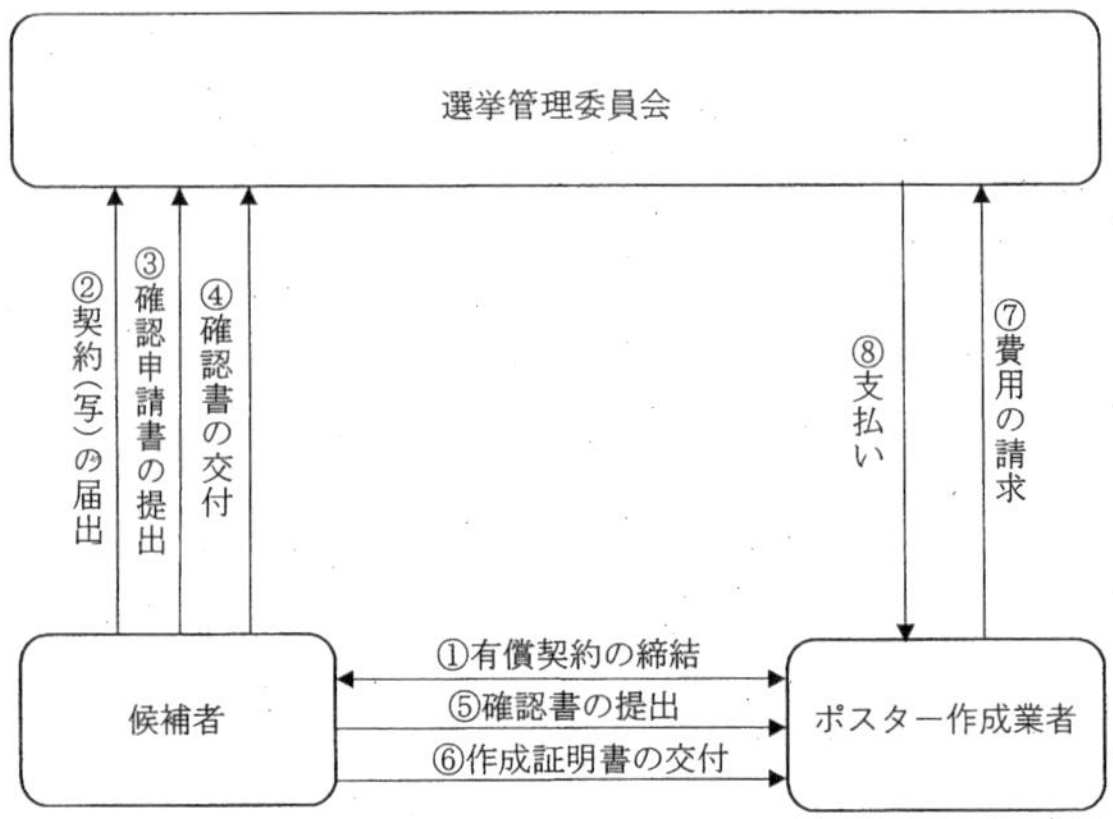

手続の順序	必要な書類	添付書類
①有償契約の締結 （候補者とポスター作成業者）	選挙運動用ポスター作成契約書（契約に関する書面）	
②契約（写）の届出 （候補者⇒町選管）	選挙運動用ポスター作成契約届出書【第3号様式】	①の契約書写し 仕様書等
③確認申請書の提出 （候補者⇒町選管）	選挙運動用ポスター作成枚数確認申請書【第6号様式】	
④確認書の交付 （町選管⇒候補者）	選挙運動用ポスター作成枚数確認書【第9号様式】	
⑤確認書の提出 （候補者⇒ポスター作成業者）		④の確認書
⑥作成証明書の交付 （候補者⇒ポスター作成業者）	選挙運動用ポスター作成証明書【第12号様式】	
⑦費用の請求 （ポスター作成事業者⇒町選管）	請求書【第13号様式(3)】 請求内訳書【第13号様式(3)別紙】	④の確認書 ⑥の作成証明書
⑧支払い （町選管⇒ポスター作成業者）		

※供託物が没収される候補者の費用について、ビラ作成業者は町長へ⑦の請求をすることができません。
※町長に対する⑦の請求は、二宮町選挙管理委員会で受け付けます。

①「有償契約の締結」は、立候補者とポスター作成業者の契約です。これも、作成枚数と契約金額がすでに書かれた契約書が業者から送られてくるので、名前と住所と二宮町議会議員とだけ書けば大丈夫です。

①【選挙運動用ポスター作成契約書（町長・町議共通】

選挙運動用ポスター作成契約書（町長・町議共通）】

選挙運動用ポスター作成契約書

二宮町議会議員選挙候補者　古谷健司（以下「甲」という。）と（以下「乙」という。）とは、甲の使用する選挙運動用ポスターの作成について、次のとおり契約を締結する。

1　作成枚数　56 枚

2　契約金額　金 160160 円（税込）
（単価 2860 円（税込）× 56 枚）

3　請求及び支払
この契約に基づく契約金額については、甲に係る供託物が公職選挙法第 93 条の規定により二宮町に帰属することにならない限りにおいて、乙は、二宮町議会議員及び二宮町長の選挙における選挙運動の公費負担に関する条例に基づき二宮町に対し請求するものとし、甲は請求に必要な手続を遅滞なく行わなければならない。この場合において、乙が二宮町に請求することができる金額が契約金額に満たないときは、甲は乙に対し、不足額を速やかに支払うものとする。
ただし、甲に係る供託物が公職選挙法第 93 条の規定により二宮町に帰属することとなった場合は、甲は乙に対し、契約金額全額を速やかに支払うものとする。

4　その他
この契約に定めるもののほか、必要な事項は、民法その他法令に従い、甲乙協議の上決定する。

この契約を証するため、本書２通を作成し、甲乙記名押印の上、各自１通を保有する。

令和 4 年 11 月 1 日

甲　住所　神奈川県中郡二宮町二宮 92 番地の 4-5 パシフィックコーポ 2号
氏名　古谷健司 ㊞

乙　住所
氏名

30

②【第３号様式（第２条例関係）選挙運動用ポスター作成契約届出書（記入例）】

第３号様式（第２条関係）

選挙運動用ポスター作成契約届出書（記入例）

届出日を記載
（告示日以降の日）

令和４年11月15日

二宮町選挙管理委員会委員長　様

契約書と同一の押印
（氏名を自書の場合押印省略可）
※戸籍名で記載

候補者　住所　二宮町二宮●●●番地
氏名　二宮　太郎（二宮）

次のとおり選挙における選挙運動用ポスターの作成契約を締結したので、二宮町議会議員及び二宮町長の選挙における選挙運動の公費負担に関する条例第10条に基づき届け出ます。

契約書の内容を記載

契約年月日	契約の相手方の氏名、住所及び電話番号（法人は名称、代表者氏名、所在地及び電話番号）	契約内容		備考
		作成契約枚数	作成契約金額	
令和４年10月25日	二宮町▲▲○○番地 株式会社××印刷 代表取締役　一色紙夫 ○○○○－○○－○○○○	100枚	350,000円	1枚あたり 3,500円

備考

1．この契約届出書には、契約書の写しを添付してください。

2．候補者本人が届け出る場合にあっては本人確認書類の提示又は提出を、その代理人が届け出る場合にあっては委任状の提示又は提出及び当該代理人の本人確認書類の提示又は提出を行ってください。ただし、候補者本人の署名その他の措置がある場合はこの限りではありません。

※上限を超えていたとしても、
契約書の内容のまま記載

②「契約（写）の届出」とは、【第3号様式　選挙運動用ポスター作成契約届出書】を頭紙として、立候補者から選挙管理委員会に①の契約書の写しを提出することです。ここでは見本を貼りませんが、選挙運動用自動車の契約書を提出するときに〝頭紙〟をつけて提出するという点で、基本的には同じ役割をする同じ用紙です。記入例もついてきますので、落ち着いて読んで、正確に記入しましょう。

③「確認申請書の提出」というのは、【第６号様式　選挙運動用ポスター作成枚数確認申請書】を、立候補者から選挙管理委員会に出すことです。名前と住所と作成枚数を記入します。判子は、契約書と同じ判子を使ってください。自書の場合は押印を省略できます。記入例を貼っておきます。

③【第６号様式　選挙運動用ポスター作成枚数確認申請書（記入例）】

第６号様式（第３条関係）

選挙運動用ポスター作成枚数確認申請書（記入例）

届出日を記載
（告示日以降の日）

令和４年11月15日

二宮町選挙管理委員会委員長　様

契約書と同一の押印
（氏名を自書の場合押印省略可）
※戸籍名で記載

候補者　住所　二宮町二宮●●●番地
氏名　二宮　太郎　（二宮）

次の選挙運動用ポスター作成枚数について、二宮町議会議員及び二宮町長の選挙における選挙運動の公費負担に関する条例第11条の規定による確認を受けたいので、申請します。

契約年月日	令和４年10月25日
契約の相手方の氏名、住所及び電話番号（法人は名称、代表者氏名、所在地及び電話番号）	二宮町▲▲○○番地 株式会社××印刷 代表取締役　一色　紙夫 ○○○○－○○－○○○○
確認申請枚数	56　枚

契約書の内容を記載

枚数が一致
（限度枚数56枚以内）

区分	作成枚数	左のうち確認済又は確認申請枚数
前回までの累積枚数（Ａ）	0　枚	0　枚
今回の作成枚数（Ｂ）	100　枚	56　枚
枚数計（Ａ）＋（Ｂ）	100　枚	56　枚

備考
1．この申請書は、選挙運動用ポスター作成枚数について公費負担の対象となるものの確認を受けるためのものです。
2．この申請書は、ポスター作成業者ごとに別々に候補者から二宮町選挙管理委員会に提出してください。
3．「前回までの累積枚数」には、他のポスター作成業者によって作成された枚数をも含めて記載してください。
4．候補者本人が届け出る場合にあっては本人確認書類の提示又は提出を、その代理人が届け出る場合にあっては委任状の提示又は提出及び当該代理人の本人確認書類の提示又は提出を行ってください。ただし、候補者本人の署名その他の措置がある場合はこの限りではありません。

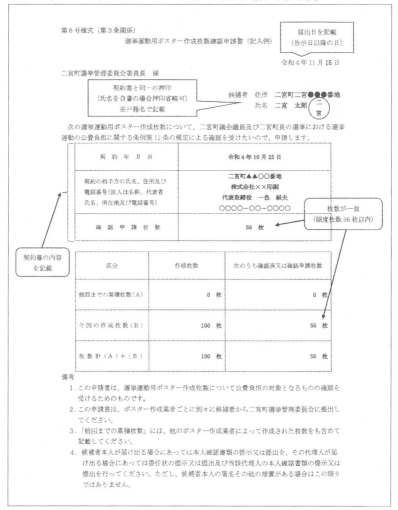

④　選挙管理委員会から立候補者に渡されるのが、「確認書の交付」。渡されるのは【第9号様式　選挙運動用ポスター作成枚数確認書】で、告示日11月15日に選挙管理委員会から立候補者に渡されました。ここに貼ったのが、実際に渡された確認書です。この【第9号様式　選挙運動用ポスター作成枚数確認書】を、立候補者からポスター作成業者に渡すのが、⑤「確認書の提出」となります。

④⑤【第９号様式　選挙運動用ポスター作成枚数確認書】

第９号様式（第３条関係）

選挙運動用ポスター作成枚数確認書

確認番号　第 6 号
令和４年 11 月 15 日

二宮町選挙管理委員会委員長

二宮町議会議員及び二宮町長の選挙における選挙運動の公費負担に関する条例第 11 条の規定に基づき、次の選挙運動用ポスター作成枚数は、同条に定める枚数の範囲内のものであることを確認します。

候　補　者　氏　名	古谷　健司
確　認　枚　数	56 枚

備考
1. この確認書は、選挙運動用ポスター作成枚数について確認を受けた候補者からポスター作成業者に提出してください。
2. この確認書を受領したポスター作成業者は、二宮町に公費の支払を請求する場合には、選挙運動用ポスター作成証明書とともにこの確認書を請求書に添付してください。
3. この確認書に記載された候補者について供託物が没収された場合には、ポスター作成業者は、二宮町に支払を請求することはできません。

⑥の「作成証明書の交付」とは、【第12号様式　選挙運動用ポスター作成証明書】を立候補者からポスターの作成業者に渡すことです。この書類はポスターを確認書通りに作成して、費用がいくらかかったかを証明するもので、まずは、ポスター作成業者が証明書を作ってくれます。立候補者はそれを受け取り、名前、押印、住所、令和3年11月20日執行二宮町議会議員選挙、と書くだけです。

⑥【第12号様式（第５条関係）選挙運動用ポスター作成証明書】

第12号様式（第５条関係）

選挙運動用ポスター作成証明書

令和４　年11月15日

令和４　年11月20日執行二宮町議会議員選挙

候補者　住所二宮町二宮92番地の45パシフィックコーポ2号

氏名　古谷健司

次のとおり選挙運動用ポスターを作成したものであることを証明します。

ポスター作成業者の氏名、住所及び電話番号(法人は名称、代表者氏名、所在地及び電話番号)	
作　成　枚　数	56 枚
作　成　金　額	160160 円
ポ ス タ ー 掲 示 場 数	56 箇所

備考

1. この証明書は作成の実績に基づいて、ポスター作成業者ごとに別々に作成し、候補者からポスター作成業者に提出してください。
2. ポスター作成業者が二宮町に支払を請求するときは、この証明書と選挙運動用ポスター作成枚数確認書を請求書に添付してください。
3. この証明書を発行した候補者について供託物が没収された場合には、ポスター作成業者は、二宮町に支払を請求することはできません。
4. １人の候補者を通じて公費負担の対象となる枚数及びそれぞれの契約に基づく公費負担の限度額は、次のとおりです。

(1) 枚数

ポスター掲示場の数

(2) 限度額

$$\frac{\text{541円31銭（単価）×ポスター掲示場数＋316,250円}}{\text{ポスター掲示場数}} = \text{単価・・・1円未満の端数は切上げ}$$

単価×確認された作成枚数＝限度額

⑦「費用の請求」では、ポスターの作成業者が作成してくれた費用の請求書【第13号様式⑶請求書（選挙運動用ポスターの作成）】と請求内訳書に必要事項（選挙名、立候補者名、日付）を記入し、提出することです。請求内訳書は、ポスターの作成業者が書き込んでくれたままを添付して提出します。

⑧「支払い」は、「費用の請求」を受けて、選挙管理委員会がポスター作成業者に直接支払います。

⑦【第13号様式⑶　請求書（選挙運動用ポスターの作成）】

住所

氏名

電話

（法人は名称、代表者氏名、所在地及び電話番号）

二宮町議会議員及び二宮町長の選挙における選挙運動の公費負担に関する条例第11条の規定により、次の金額の支払を請求します。

請求金額	160,160円	
内　訳	別添請求内訳書のとおり	
選挙名	令和4年11月20日執行二宮町議会議員選挙	
候補者の氏名	古谷健司	
振込先	金融機関・支店名	
	預金種別	普通・当座
	口座番号	
	（フリガナ） 口座名義人	

備考

1．この請求書は、候補者から受領した選挙運動用ポスター作成枚数確認書及び選挙運動用ポスター作成証明書とともに選挙期日後速やかに提出してください。

2．候補者が供託物を没収された場合には、二宮町に支払を請求することはできません。

⑦【第13号様式⑶　請求内訳書（選挙運動用ポスターの作成）】

（別紙）

請　求　内　訳　書

選挙区（選挙が行われる区域）におけるポスター掲示場数	作成金額			基準限度額			請求金額			備考
	単価 A	枚数 B	金額 A×B=C	単価 D	枚数 E	金額 D×E=F	単価 G	枚数 H	金額 G×H=I	
56箇所	2860円	56枚	160160円	6189円	56枚	346584円	2860円	56枚	160160円	

備考

1．「ポスター掲示場数」の欄には、選挙運動用ポスター作成証明書の「ポスター掲示場数」欄に記載されたポスター掲示場数を記載してください。

1．E欄には、確認書により確認された作成枚数を記載してください。

2．G欄には、A欄とD欄とを比較して少ない方の金額を記載してください。

3．H欄には、B欄とE欄とを比較して少ない方の枚数を記載してください。

(3)選挙運動用ビラの作成（『選挙公営（公費負担）の手引き』15ページ）

選挙運動用ビラの作成です。ビラもポスターと同じ業者さんにお願いしたのでとても楽でした。

契約内容形態や手続きの順序などはポスターとほぼ同じなので、それに沿って、契約書や申請書の種類のみを列記します。

選挙運動用ビラの作成

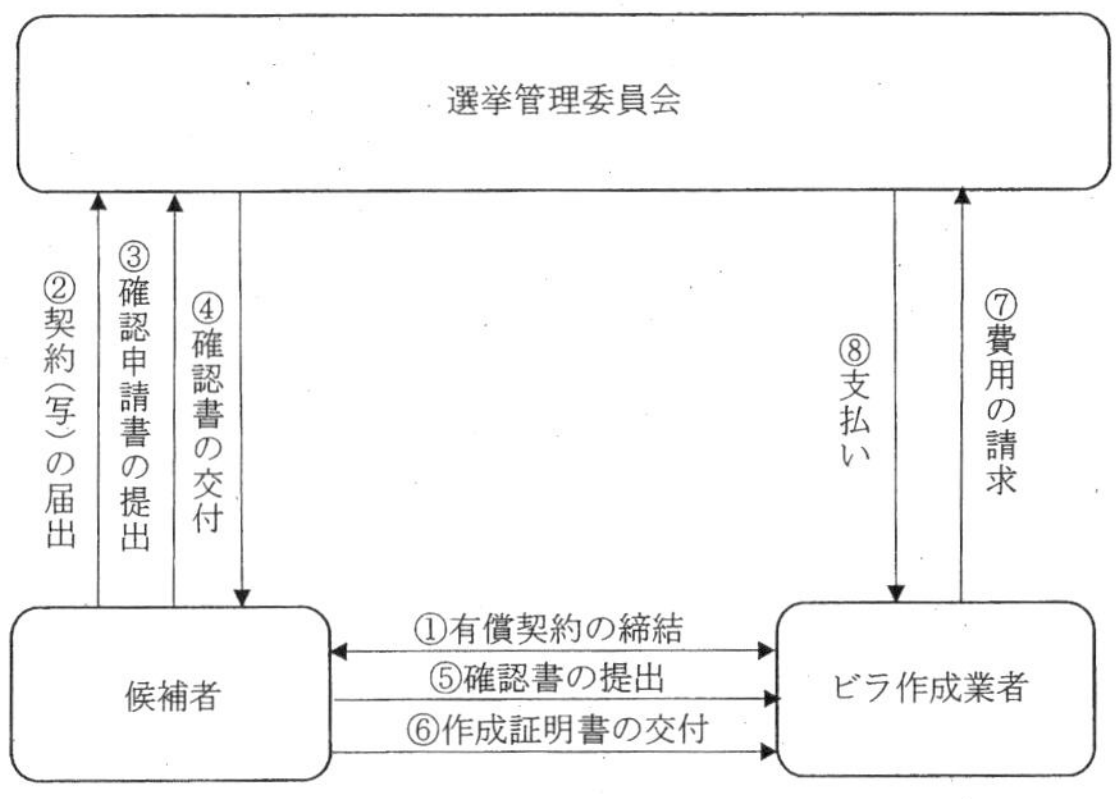

手続の順序	必要な書類	添付書類
①有償契約の締結 (候補者とビラ作成業者)	選挙運動用ビラ作成契約書(契約に関する書面)	
②契約(写)の届出 (候補者⇒町選管)	選挙運動用ビラ作成契約届出書【第2号様式】	①の契約書写し
③確認申請書の提出 (候補者⇒町選管)	選挙運動用ビラ作成枚数確認申請書【第5号様式】	
④確認書の交付 (町選管⇒候補者)	選挙運動用ビラ作成枚数確認書【第8号様式】	
⑤確認書の提出 (候補者⇒ビラ作成業者)		④の確認書
⑥作成証明書の交付 (候補者⇒ビラ作成業者)	選挙運動用ビラ作成証明書【第11号様式】	
⑦費用の請求 (ビラ作成業者⇒町選管)	請求書(選挙運動用ビラの作成)【第13号様式(2)】 請求内訳書【第13号様式(2)別紙】	④の確認書 ⑥の作成証明書 ビラ見本
⑧支払い (町選管⇒ビラ作成業者)		

※供託物が没収される候補者の費用について、ビラ作成業者は町長へ⑦の請求をすることができません。

※町長に対する⑦の請求は、二宮町選挙管理委員会で受け付けます。

①「有償契約の締結」は、立候補者とビラ作成者の契約書で、ポスター作成のときと同様です（【選挙運動用ビラ作成契約書】）。

①【選挙運動用ビラ作成契約書】

【選挙運動用ビラ作成契約書（町議）】

選挙運動用ビラ作成契約書

二宮町議　選挙候補者　古谷健司（以下「甲」という。）と　（以下「乙」という。）とは、甲の使用する選挙運動用ビラの作成について、次のとおり契約を締結する。

1　作成枚数　1600 枚

2　契約金額　金 12320 円（税込）
（単価 7.7 円（税込）× 1,600 枚）

3　請求及び支払
この契約に基づく契約金額については、甲に係る供託物が公職選挙法第93条の規定により二宮町に帰属することにならない限りにおいて、乙は、二宮町議会議員及び二宮町長の選挙における選挙運動の公費負担に関する条例に基づき二宮町に対し請求するものとし、甲は請求に必要な手続を遅滞なく行わなければならない。この場合において、乙が二宮町に請求することができる金額が契約金額に満たないときは、甲は乙に対し、不足額を速やかに支払うものとする。
ただし、甲に係る供託物が公職選挙法第93条の規定により二宮町に帰属することとなった場合は、甲は乙に対し、契約金額全額を速やかに支払うものとする。

4　その他
この契約に定めるもののほか、必要な事項は、民法その他法令に従い、甲乙協議の上決定する。

この契約を証するため、本書2通を作成し、甲乙記名押印の上、各自1通を保有する。

令和4年11月1日

甲　住所　神奈川県中郡二宮町二宮92番地の45 パシフィックコーポ2号
氏名　古谷健司

乙　住所
氏名

②「契約（写）の届出」は、ハイヤーやポスターと同じように、【第2号様式　契約（写）の届出書】を頭紙として、①の【選挙運動用ビラ作成契約書】の写しを立候補者が選挙管理委員会に提出します。

③「確認申請書の提出」は、【第5号様式　選挙運動用ビラ作成枚数確認申請書】を立候補者が選挙管理委員会に出すことです。

④「確認書の交付」は、【第8号様式　選挙運動用ビラ作成枚数確認書】を、私は、告示日（11月15日）に選挙管理委員会からもらいました。

⑤「確認書の提出」では、④【第

8号様式　選挙運動用ビラ作成枚数確認書】を、立候補者からビラ作成業者に渡します。

⑥「作成証明書の交付」は、【第11号様式　選挙運動用ビラ作成証明書】に、告示日（11月15日）の日付、選挙名、氏名、住所を記入するだけです。

⑥【選挙運動用ビラ作成証明書】

第11号様式（第5条関係）

選挙運動用ビラ作成証明書

令和４年11月15日

令和４年11月20日執行二宮町議会議員選挙

候補者　住所　二宮町二宮1248番地の45 パシフィックコーポ2号

氏名　古谷健司

次のとおり選挙運動用ビラを作成したものであることを証明します。

ビラ作成業者の氏名、住所及び電話番号（法人は名称、代表者氏名、所在地及び電話番号）	
作成枚数	1600枚
作成金額	12320円

備考

1．この証明書は、作成の実績に基づいて、ビラ作成業者ごとに別々に作成し、候補者からビラ作成業者に提出してください。

2．ビラ作成業者が二宮町に支払を請求するときは、この証明書と選挙運動用ビラ作成枚数確認書を請求書に添付してください。

3．この証明書を発行した候補者について供託物が没収された場合には、ビラ作成業者は、二宮町に支払を請求することはできません。

4．1人の候補者を通じて公費負担の対象となる枚数及びそれぞれの契約に基づく公費負担の限度額は、次のとおりです。

(1) 枚数

ア　二宮町議会議員の選挙　1,600枚

イ　二宮町長の選挙　5,000枚

(2) 限度額

7円73銭（単価）×当該作成枚数＝限度額

⑦「費用の請求」は、【第13号様式⑵　請求書（選挙運動用ビラの作成）（請求内訳書も添付）】をビラ作成業者から選挙管理委員会に提出することです。業者が作成してくれた書類に選挙名と氏名を記入します。

⑧「支払い」は、⑦「費用の請求」を受けて、選挙管理委員会がビラ作成業者に直接支払います。

書類が多く煩雑に見えますが、これらは公費負担を求める書類ですから、間違いがあってはいけません。段取りや金額など確認しながら、場合によっては、選挙管理委員会に聞くなどして、ていねいに対応してください。

16　公費負担の限度額

これらの書類で注意しなければいけないのは、ポスターもビラも公費負担には上限枚数や限度額があるということです。

ポスターは二宮町の場合、1枚あたりの限度額は6189円、作成枚数は56枚まで。ビラは町議会議員については、1枚あたりの単価が7円73銭まで、枚数は1600枚までと決められています。

これらについて気をつけなければならないのは、限度額と作成の限度枚数をかけた金額が公費負担の上限ではなく、それぞれが独立して限度が決められているということです。「6189円×56枚＝34万6584円」と計算してしまって、「これが公費負担の上限でここまで公費が負担してくれるのだ」と勘違いしないようにしましょう。例を出して説明します。

①ポスター契約における1枚あたりの限度額（ポスター1枚の上限額は6189円）

②ポスター契約における作成枚数の限度数（作成枚数の上限は56枚）

ポスターの契約でいえば、たとえば、100枚のポスターの作成を70万円で契約したいとします。そうすると、1枚あたりの作成単価は70万円÷100枚＝7000円となります。

ポスター1枚の単価は６１８９円までと決められており、そもそも７０００円ではそれを超えています。また、ポスター作成枚数の限度も決められており、二宮町の場合、56枚です。

選挙運動用のポスターを、56枚を超えて１００枚、単価７０００円で作ることもできますが、その場合は、70万円から、公費が負担できる限度額と枚数から算出する限度額（６１８９円×56枚＝34万６５８４円）を引いた金額、つまり、70万円－34万６５８４円＝35万３４１６円は立候補者の自己負担金額となります。

また、１００枚のポスター作成を40万円で契約したい場合、１枚当たりの作成単価は40万円÷１００枚＝４０００円となり、１枚あたりの単価としては、公費負担の限度額６１８９円以下なので、これはクリアしていますが、１００枚は公費負担の限度枚数56枚を超えています。公費が負担できるのはあくまでも、４０００円×56枚＝22万４０００円まで。限度枚数を超える残りの44枚（１００－56）については、立候補者の自己負担となります（44枚×４０００円＝17万６０００円）。

ビラも同様ですので気をつけてください。また、ビラは、告示日（私が立候補した二宮町議会議員選挙の場合は11月15日でした）に１６００枚の証紙が渡されます。証紙を貼ったビラでないと、告示日から投票日の前日までの間、使用することができませんので、注意が必要です。

③ 必要なポスターの枚数

注意すべきことはポスターの枚数をあまり多くしないことです。

私は、町内の掲示板に貼る56枚のほか、選挙管理委員会に渡す１枚、告示日11月15日に町内の掲示板に貼ってくださる業者さんに、貼る際のミスに備えてプラス5枚渡し、貼ってもらったあと風雨ではがれてしまったときに自分で貼り替えに行く用に3枚。自宅兼選挙事務所用に2枚。街頭演説用に標旗にポスターを切って使いますが、そのために2枚。合わせて13枚プラスの計69枚が必要でした。56枚を超えた数は自己負担となりますから、注意してください。印刷業者さんが無料で何枚かくれましたので、それがとても助かりました。

第六章
告示日、そしていよいよ選挙戦

17 告示日 令和4年11月15日（火）

①3段階あるくじ引き、受付順↓「予備くじ」↓「本くじ」

立候補者届出の受付は、11月15日（火）午前8時30分から始まりました。

届出の受付は午前8時30分から午後5時までですが、手続きが終わらないと選挙運動を始められませんので、立候補者の皆さんは早めに受付に来ていました。午前8時30分までに来て、立候補届出に必要な書類を持参した届出者は、受付順に「予備くじ」を引きます。私は午前8時10分に受付会場に到着し、11番めの受付でした。よって11番めに予備くじを引きました。この予備くじとは、「本くじ」を引く順番を決めるためのくじ引きです。私は、4番の予備くじを引きました。あまりいい番号ではないのでいやだなと思いましたが、この番号は本くじを引く順番だと知って安心しました。

そして、今度は「本くじ」です。4番めに本くじを引いたら、「6番」がでました。より小さい番号だと早く受けつけができるので、もう少し小さい番号がいいなとは思いましたが、まずまずでしょう。

予備くじ

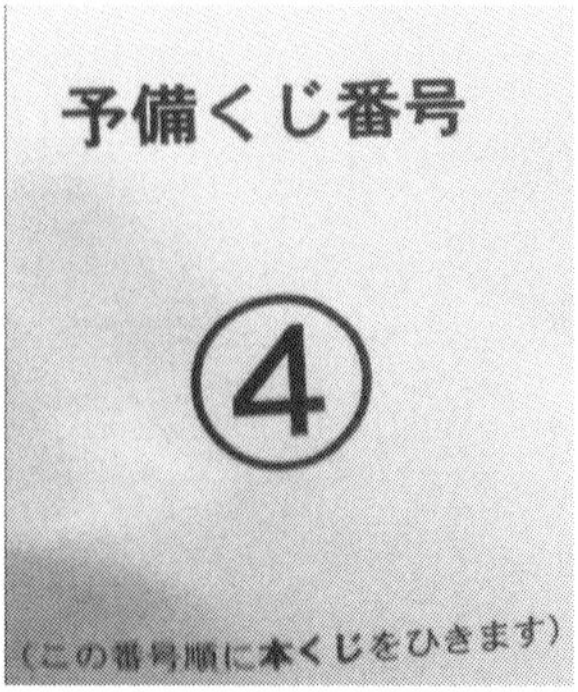
予備くじ番号
④
（この番号順に本くじをひきます）

本くじでは「6」番

6
の番号表示のある掲示区域
に貼ってください。

この「6番」は、6番めに届出手続きをしてくれるということです。少しでも早く届出が終われば、街宣車で町に出て選挙運動を行なえます。全部で5日間しかないので、ここでの2~3時間は大きいです。そしてこの「6番」は、町内56カ所の掲示板にある6番のところにポスターを貼るということでもあります。掲示板のどこが一番いいのかわかりませんが、3段あるうちの一番下で、掲示板そのものの中央部分。隣の立候補者も緑色でしたが、自分のポスターもまぁまぁ目立つような気がしました。

そして、この「6番」は、選挙運動期間中、私の番号として位置づけされます。私は6番めに呼ばれ、届出を行ないました。すでに選挙管理委員会に見てもらった書類をA4の封筒に入れ、糊付けし、選挙管理委員会の職員の判子で封印してある書類封筒をその場で職員にお渡しし、開封して、1枚ずつ受理してもらいました。

受領したときの受領印など必要ですので、必ず判子を持っていってください。

ポスター掲示板

② 証明書類の配付

封をしてあった書類を受理してもらうと次のテーブルに移動し、今度はいろいろな書類の入った封筒をもらいました。中に入っていた書類の説明をします。

1．候補者用通常葉書使用証明書（1枚）

2．選挙運動用通常葉書差出票（8枚）

葉書ですが、立候補者届出の日（11月15日）から選挙期日（投票日）の前日11月19日まで、町議会議員立候補者は、800枚まで出すことができます。

ポストに直接投函したり、ポスティングをすることはできません。「2．選挙運動用通常葉書差出票」1枚を頭紙にし、100枚以下の葉書をつけて、指定された郵便局の窓口に提出します。この際、この「1．候補者用通常葉書使用証明書」も一緒に提示します。

受領書を提出してもらうので、立候補者の判子を持参してください。「2．選挙運動用通常葉書差出票」は全部で8枚あり、葉書を最大800枚まで出すことができます。しかし……葉書は名前と住所がわからないと出せませんし、一人なので5日間

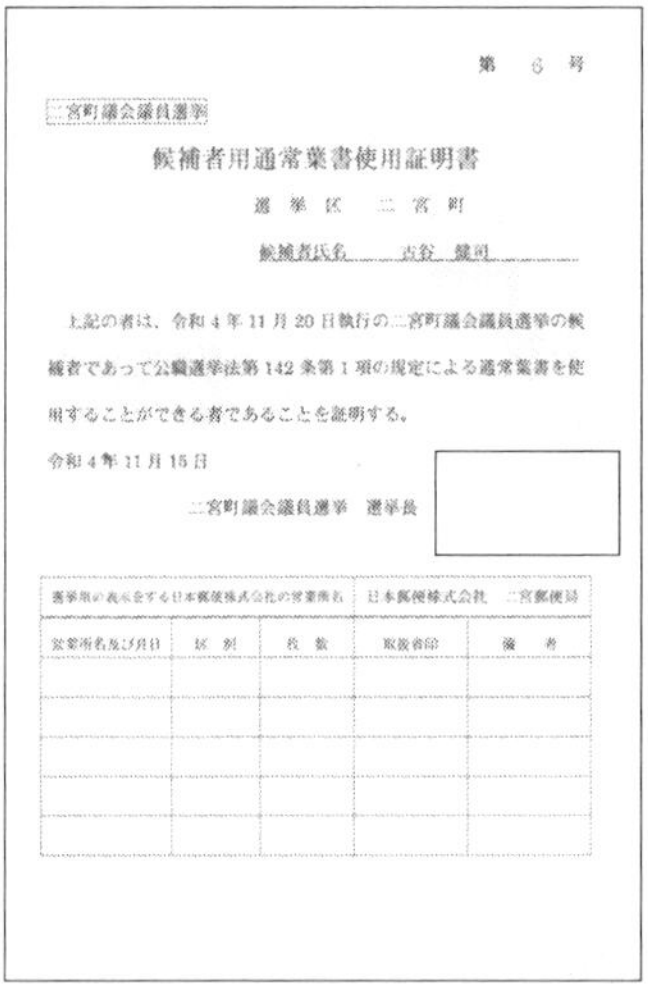

第 6 号

二宮町議会議員選挙

候補者用通常葉書使用証明書

選挙区　二宮町

候補者氏名　古谷　健司

上記の者は、令和4年11月20日執行の二宮町議会議員選挙の候補者であって公職選挙法第142条第1項の規定による通常葉書を使用することができる者であることを証明する。

令和4年11月15日

二宮町議会議員選挙　選挙長

選挙長の表示をする日本郵便株式会社の営業所名	日本郵便株式会社　二宮郵便局			
営業所名及び月日	区別	枚数	取扱者印	備考

1. 候補者用通常葉書使用証明書

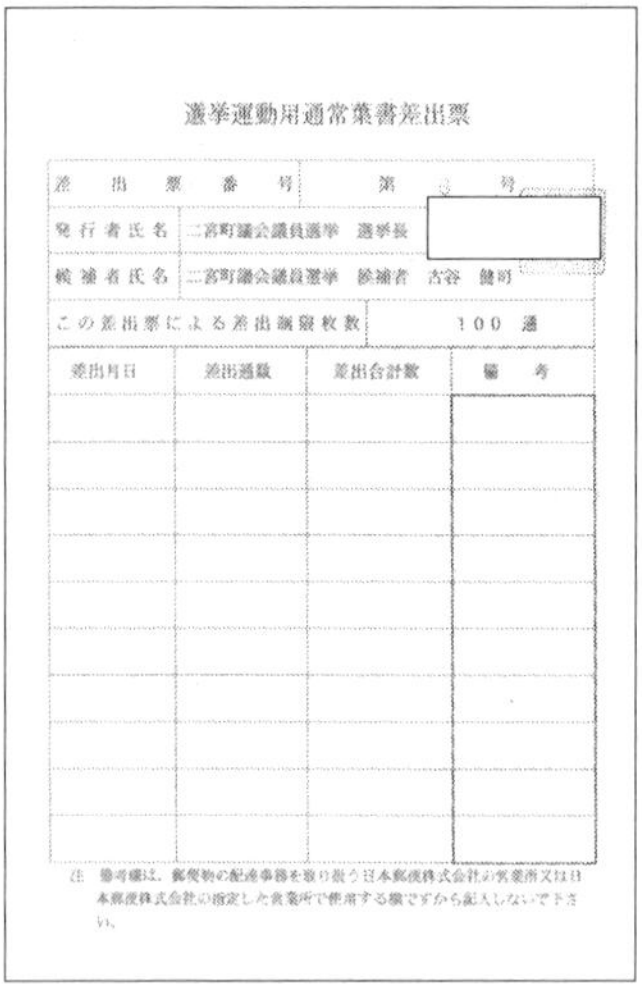

選挙運動用通常葉書差出票

差出票番号	第　号
発行者氏名	二宮町議会議員選挙　選挙長
候補者氏名	二宮町議会議員選挙　候補者　古谷　健司
この差出票による差出制限枚数	100通

差出月日	差出通数	差出合計数	備考

注　備考欄は、郵便物の配達事務を取り扱う日本郵便株式会社の営業所又は日本郵便株式会社の指定した営業所で使用する欄ですから記入しないで下さい。

2. 選挙運動用通常葉書差出票

の間に書く時間もありませんので、この葉書は使用しませんでした。

でもこの葉書作戦、実はけっこう効果があるそうです。残念でした。

３．新聞広告掲載証明書（２枚）

3. 新聞広告掲載証明書

新聞広告掲載証明書

候補者	住所	神奈川県中郡二宮町二宮 92 番地の 45 パシフィックコーポ 2 号
	所属党派名	無所属
	氏名	古谷　けんじ
	立候補届出年月日	令和 4 年 11 月 15 日

上記の者は令和 4 年 11 月 20 日執行の二宮町議会議員選挙の候補者であって、公職選挙法第 149 条第 4 項の規定による新聞広告を掲載することができるものであることを証明する。

令和 4 年 11 月 15 日

二宮町議会議員選挙　選挙長

備考　氏名の欄には、選挙長が認定した通称があるときは、その通称を記載するものとする。

選挙運動の期間中２回に限り、有料で新聞広告を出すことができるというものです。

広告の寸法は横9.6㎝、縦２段組以内で掲載場所は記事下に限られ、広告の色刷りは認められません。「3．新聞広告掲載証明書」に掲載原稿を添えて希望する新聞社（広告代理店）に提出となっています。これも時間がなくてできませんでした。あと、調べませんでしたが、お金もかかりそうです。

その代わり、ビラを１３００枚新聞折り込み（朝日と読売の２社）にしました。１枚当たり３・85円でしたので、全部で５００５円です。11月16日（水）、二宮の読売センターや朝日専売所に証紙を貼ったビラを持ち込み、その場で直接お金を払い、11月18日（金）に新聞折り込みしてもらいました。当然、自費です。

4．選挙運動費用支出制限額 告知書

選挙運動用としてこの選挙で使っていい金額は287万4000円とのことです。私にはこんなにお金はありませんので、もちろん超えることはありませんでした。

4. 選挙運動費用支出制限額告知書

選挙運動費用支出制限額

告　知　書

令和４年11月20日執行の二宮町議会議員選挙における選挙運動用支出制限額は、次のとおりである。

金２，８７４，０００円

二宮町選挙管理委員会

委員長

※選挙運動費用の法定制限額の算出方法

【参考】

※選挙運動費用の法定制限額

○町長選挙

A=告示日における選挙人名簿登録者数×人数割額

24,618 人× 110 円＝ 2,707,980 円(A)

法定制限額＝A+固定額

2,707,980 円＋ 1,300,000 円＝ 4,007,980 円

≒ 4,008,000 円

(100円未満切上)

法定制限額 4,008,000 円

○議会議員選挙

$$A=\frac{\text{告示日におけるその選挙区内の選挙人名簿登録者総数}}{\text{その選挙区内の議員定数}}\times\text{人数割額}$$

$$\frac{24{,}618}{14}\times 1{,}120\ \text{円}= 1{,}969{,}440\ \text{円(A)}$$

法定制限額＝A+固定額

1,969,440 円＋ 900,000 円＝ 2,869,440 円

≒ 2,869,500 円

(100円未満切上)

法定制限額 2,869,500 円

注1:選挙人名簿登録者数は令和4年9月1日現在の人数。

注2:上記法定制限額は令和4年10月11日現在の試算です。

注3:実際の法定制限額は令和4年11月15日に定めます。

5. 選挙運動用ビラ証紙交付票

町議会議員選挙で配布できるビラは１６００枚と決まっています。このとき、交付票と一緒に１６００枚の証紙をもらいます。この交付票は証紙を１６００枚確かに交付しましたと確認するためのものです。

選挙運動期間の５日間に配ることができるビラは、この証紙が貼ってあるビラだけ。届出が終了したらすぐ貼らなくてはならず、この貼りつけ作業ばかりは家内に頼みました。

6. 認定書（通称）

認　定　書（通称）

令和４年11月20日執行の二宮町議会議員選挙において、公職選挙法施行令第89条第５項において準用する第88条第８項の規定により申請のあった通称のことについては、次の呼称は、通称として認定する。

ふりがな　　ふるや　けんじ
候補者氏名　　古谷　健司

ふりがな　　ふるや　けんじ
呼　　称　　古谷　けんじ

令和４年11月15日

二宮町議会議員選挙
選挙長

6. 認定証（通称）

戸籍上の氏名は「古谷健司」ですが、「健司」が書きにくいので、「けんじ」としました。事前に申請していましたが、ここで使用の許可がでます。これでポスターやビラにも「古谷けんじ」と書くことができるというものです。

③選挙運動用表示物（5種類18枚の腕章等）の配布

証明書類をもらうと、また、次のテーブルに移動しました。今度は旗などの選挙運動期間中に使用する物を預かりました。

ビニールの袋の表紙には「選挙運動用表示物」と書かれています。中には5種類18枚の腕章などが入っていました。一番下に書かれている「6番」というのは、選挙運動期間中、私の番号として位置づけされる番号です（↓112ページ）。

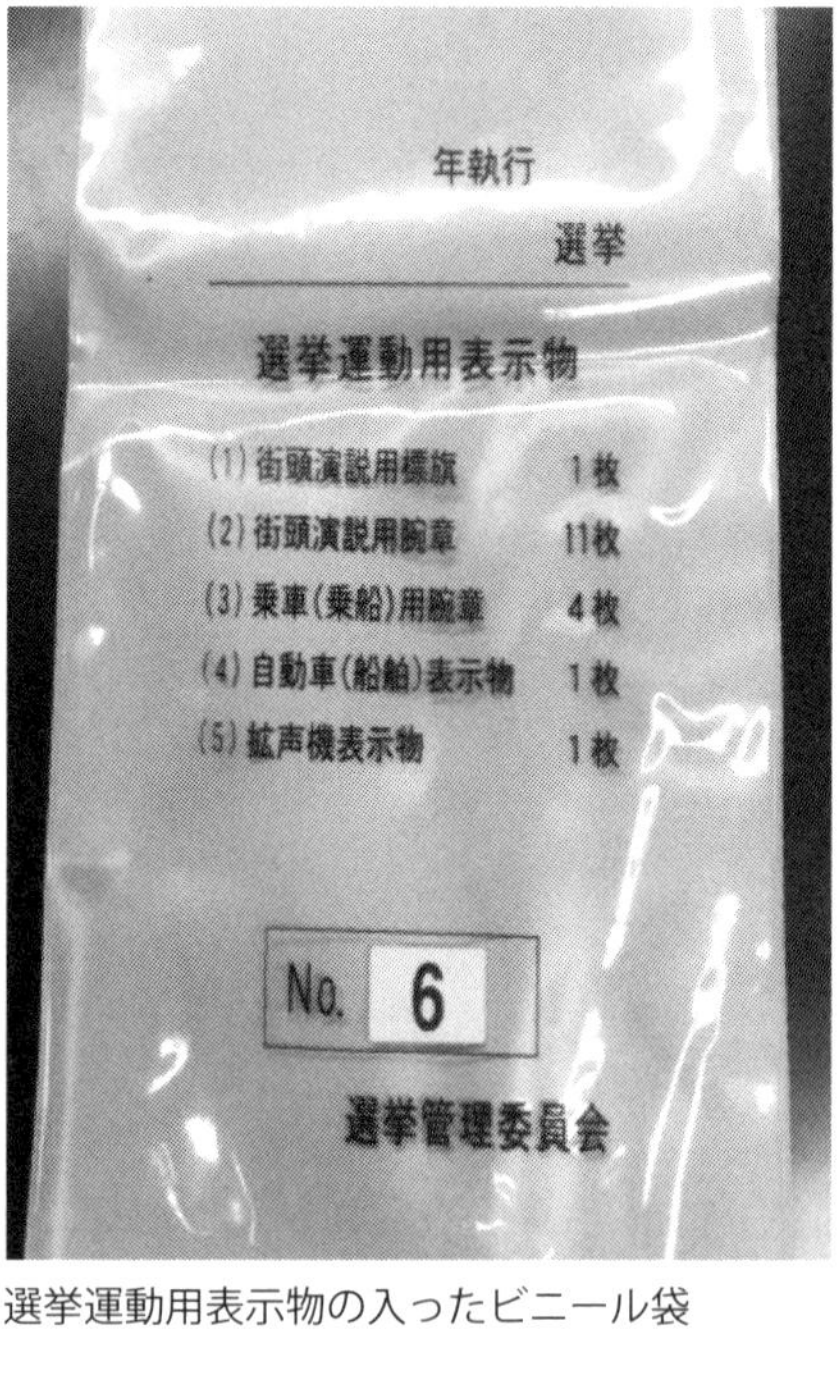

選挙運動用表示物の入ったビニール袋

1．街頭演説用標旗（1枚）

街頭演説を行なう場合は必ず標旗を掲げていなければいけません。

標旗がないと街頭演説ができないというとても大切な旗です。立候補者が街宣車は使用せず、自転車かバイクで回る場合はしっかりと後ろの荷台にくくりつけてくださいと警察署からも説明がありましたが、選挙運動中の5日間は常に携帯しなくては何もできません。私はへたくそな字で標旗に所属と名前と書きましたが、選挙用のポスターを切って貼ることをおすすめします。そのほうがきれいに仕上がります。

2. 街頭演説用腕章（11枚）

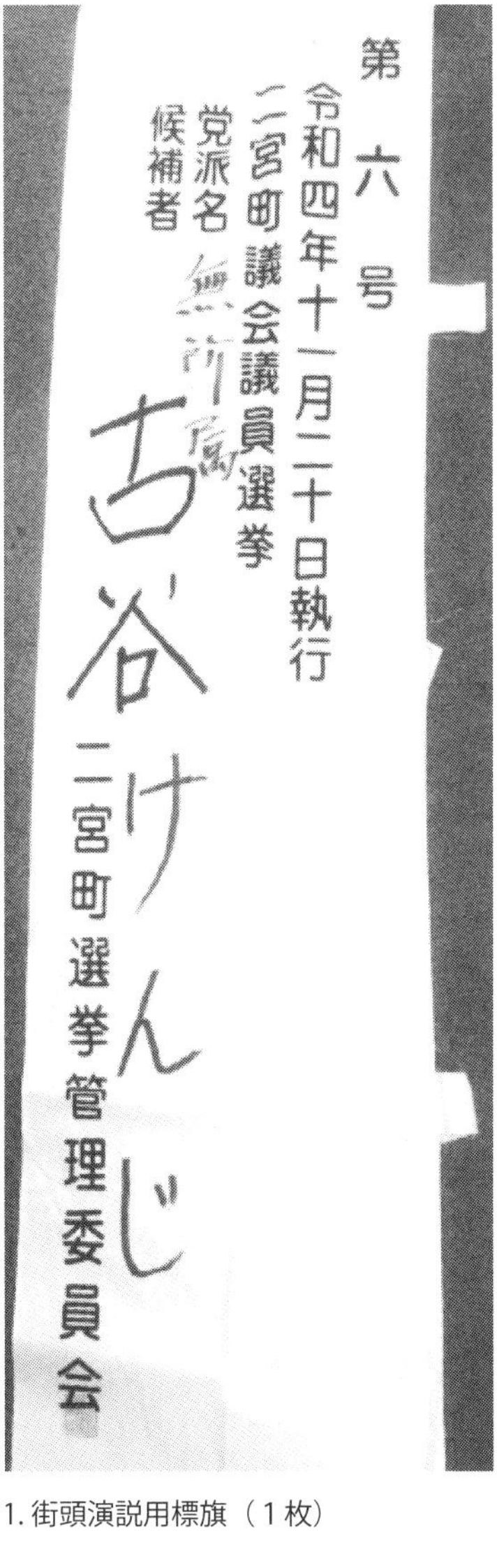

1. 街頭演説用標旗（1枚）

2. 街頭演説用腕章「選挙運動員章」は11枚支給される

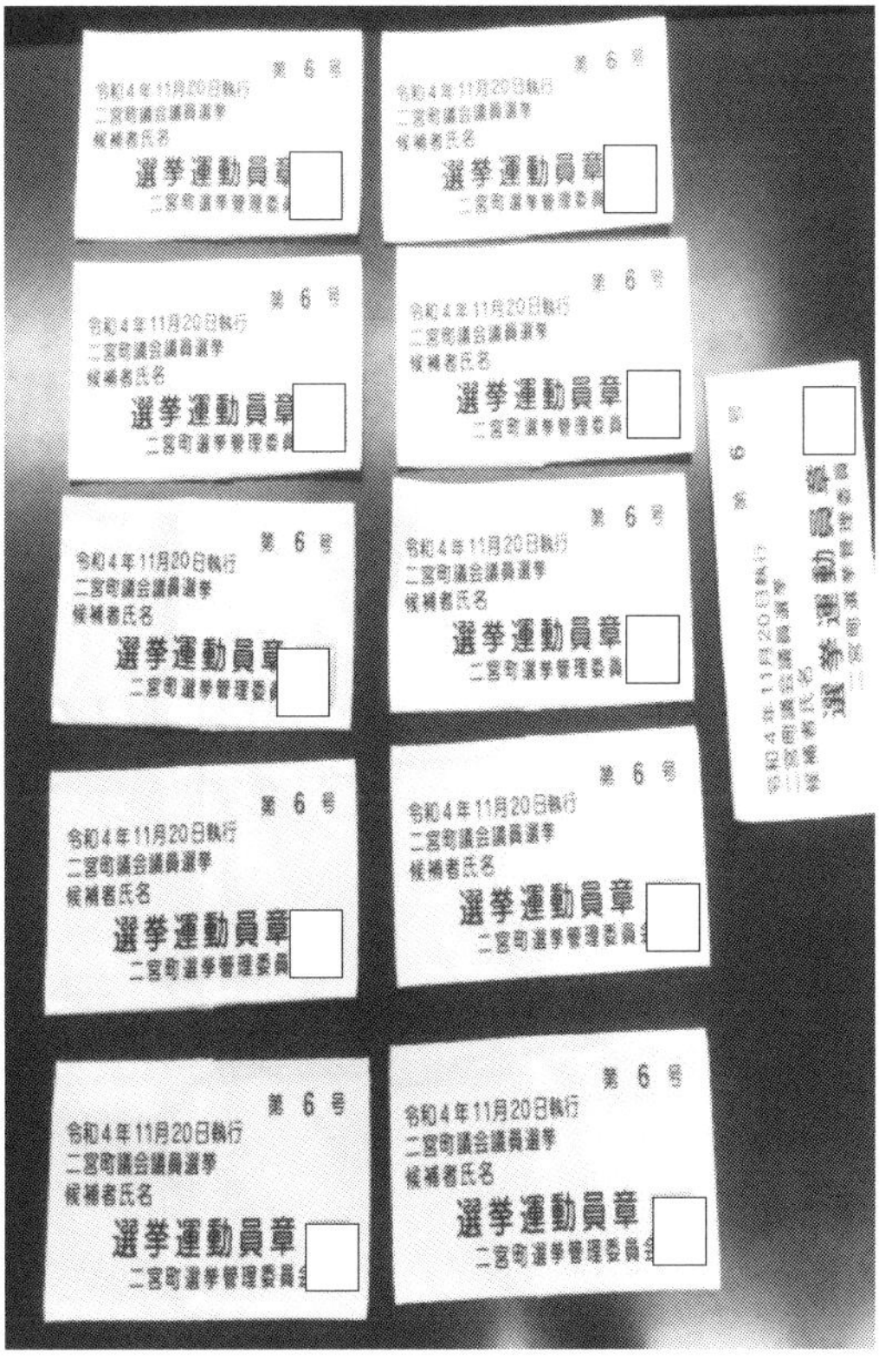

3. 乗車（乗船）用腕章

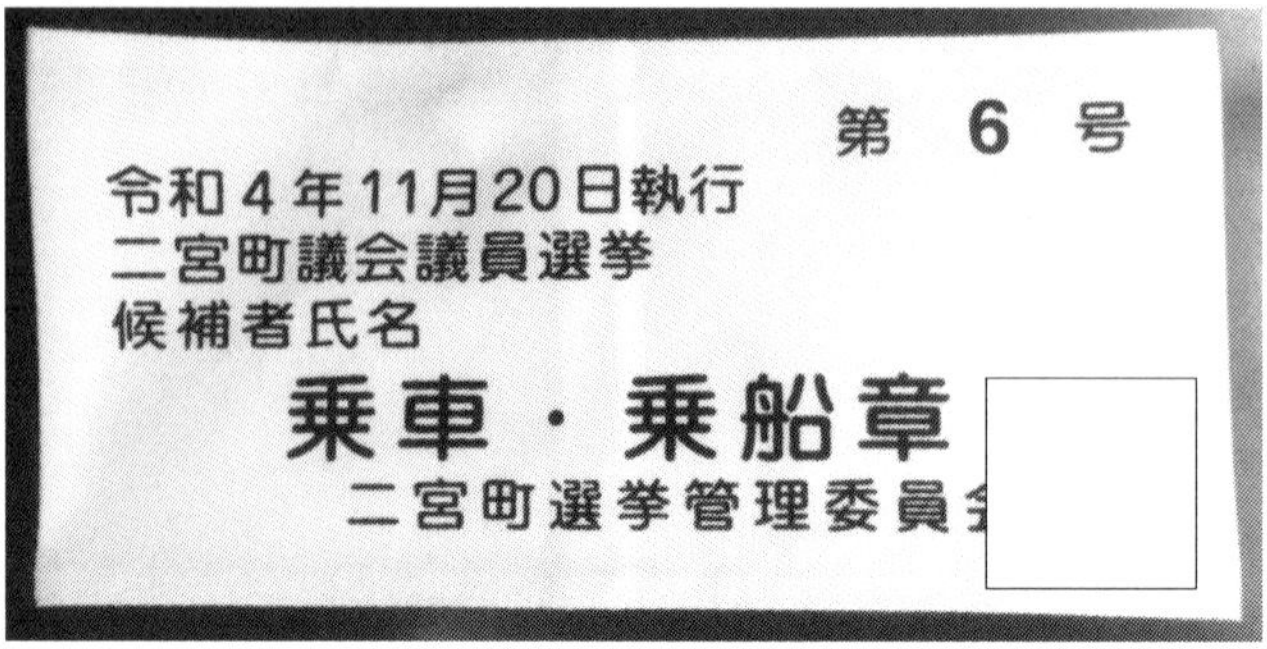

3．乗車（乗船）用腕章（4枚）

街宣車に乗れるのは、立候補者と自動車の運転手（1人のみ）を除いて4人を超えることはできません。この4人は、「3．乗車（乗船）用腕章」を着用しなければいけない決まりとなっています。

私の場合は、ほとんどいつもウグイス嬢さんと運転手さんを含めて3人でした。私と運転手は腕章をつけなくていいのですが、ウグイス嬢さんには常時着用してもらいました。たまに町田の市議会議員さんが応援で乗車してくださるときには、この腕章を着用してもらいました。

また、街頭演説のときに選挙運動に従事する人は、15人を超えてはいけないことになっています。

街頭演説のとき、ビラを配ったりしてくださる方は、「2．街頭演説用腕章（11枚）」か、「3．乗車（乗船）用腕章（4枚）」を着用していなければいけませんので、足すと15人となりますが、実際には立候補者と運転手さんはつけなくても選挙運動に従事できますので、この2人を入れれば17人の方が従事できることになります。私はいつも3人、たまに4人でした。

4．自動車（船舶）表示物（1枚）

選挙運動に使用する自動車（1台のみ）の前面に常に掲示しておかなければいけません。選挙運動用自動車は期間が過ぎれば返却します。選挙運動終了日（投票日前日）には、忘れずに車から回収しておきましょう。

4. 自動車（船舶）表示物

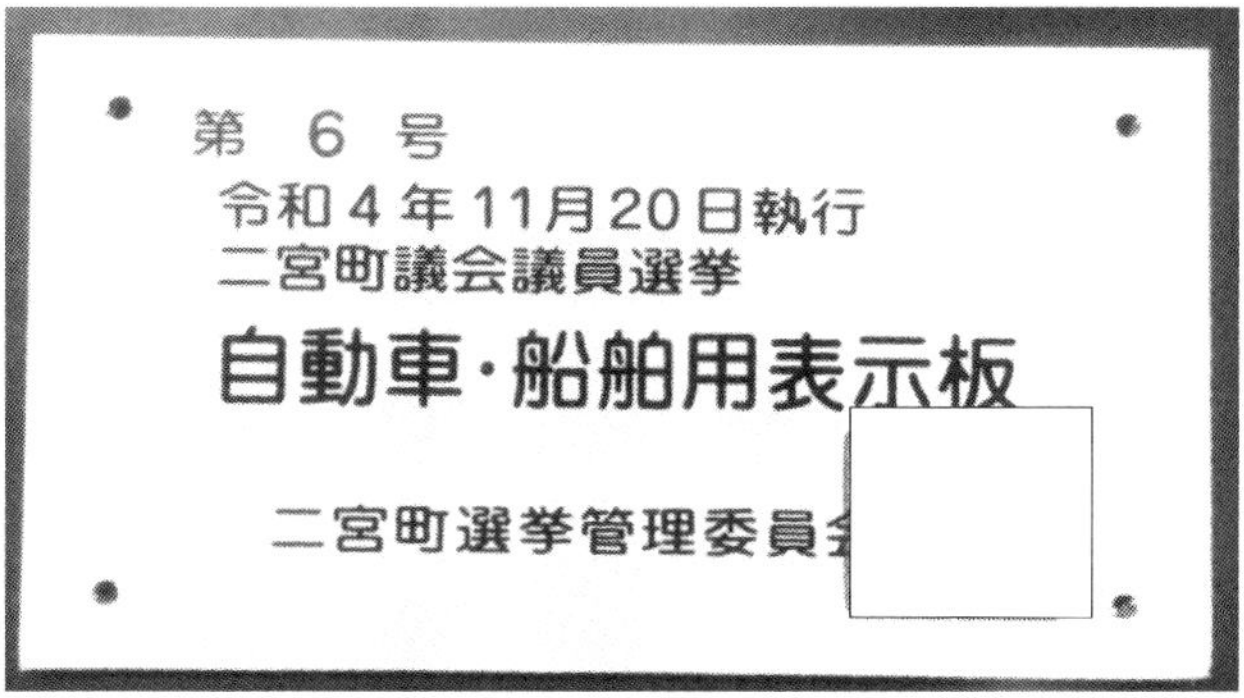

5．拡声機表示物（1枚）

拡声機を使用する際、この表示板を送話口の下部等外部から見やすい箇所に使用中常に掲示しなくてはならないとなっています。

5. 拡声器表示物

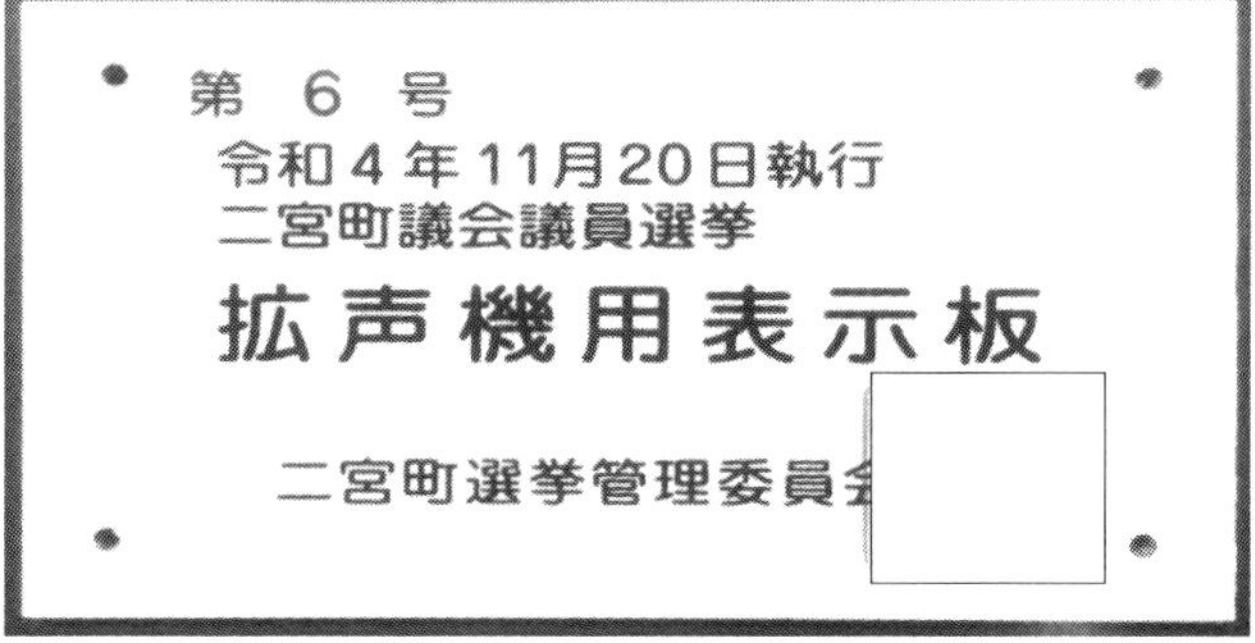

④立候補の届出がすべて終了したら、急いで2つの連絡

立候補の届出がすべて終了したら、急いで2つの連絡をします。

1つめは日本急送株式会社さんです。ポスターは、町議会議員選挙掲示板の「6」の番号表示のある掲示区域に貼ってもらうための電話をしました。電話だけでは不安でしたので、掲示されている黒板の「6番」をスマホで撮ってメールで送りました。日本急送株式会社さんはすでにバイクで待機してくれていましたので、すぐ貼り始めてくれました。この電話は8時57分にできました。そして、午後1時30分には、作業完了のメールが届きました。そのメールには、56カ所のポスター掲示板すべてにポスターを貼った写真が添付されてきました。完璧です。ユポタックという裏全面シールのポスターでしたので、5日間1枚も剥がれることはありませんでした。

そして次に、町役場の駐車場においてある街宣車で待機している運転手さんに電話して、街宣車の上にある掲示板のカバーをはずしにかかってもらいました。届出が終わるまでは選挙運動用自動車（街宣車）の掲示板を段ボールなどのカバー等で隠し、文字や写真が見えないようにしておかなくてはいけません。当然、町役場の駐車場に入るときもカバーはつけていなければいけません。

届出が終わって初めてカバーをはずすことができるので、注意してください。

この連絡はちょうど9時でした。駐車場に着いたときには、運転手さんが脚立を立てて、掲示板のまわりを覆っていた段ボールのカバーをはずしているところでした（左ページ写真）。届出が終わるまでは私の顔写真や名前の入った掲示板をオープンにできないという決まりがあるので、走行中に風圧ではずれることのないよう、カバーをしっかりつけてあったようで、急いで、でも（掲示板を傷めないように）ていねいにはずしてく

れていました。

⑤二宮町役場を出発し、自宅で家内にビラの証紙を貼ってもらう

カバーをはずし、車で町に出てマイクで少し自分の名前を言ってみましたが、とても緊張しました。車の掲示板だけでも恥ずかしいのに、声を出してこちらを見てくださいと言わなければなりません。見てもらわないといけないことはわかっているのですが、とても緊張しました。

まず向かったのは自宅です。自宅には家内が待ってくれています。家内に１６００枚のビラの証紙を貼ってもらうようお願いしてありました。一人で１６００枚のビラに１６００枚の証紙を貼るのにどのくらい時間がかかるか心配でしたが、家内一人を残し、運転手さんと私の二人で街宣車に乗って町に出ました。

ちなみに、家内は１６００枚の証紙を、午後3時には全部貼り終えてくれました。すごく助かりました。

立候補の届出が終わるまでは、掲示板の写真も文字も見えてはいけない。走行中に風圧ではずれないようにと、しっかりとカバーがかけられていたことがわかる写真。

18 選挙運動期間に突入
令和4年11月15日（火）～19日（土）

①マイクの声を録音するときの問題点

マイクを持った初めのうちは、もっぱら自分の名前とスローガン「しがらみのない自由な意志で…」を言っていました。徐々に慣れてくると、自分の政策なども入れられるようになってきました。録音機もつけてもらったので、1回吹き込めば、あとは何回でもスピーカで流せるのでとても便利でした。ただ、新しい試みだったので、初めのうち、運転手さんもあまり機械操作を理解しておらず、せっかく録音したものを上書きして消してしまうことがあって、がっかりしたこともありました。しかし、一日一日と、私もウグイス嬢さんもマイクで話すのが上手になり、録音も更新していくことができました。

ひとつ、録音での困ったこと、問題点がありました。録音のために何分間もマイクに向かって話している時間がもったいなくて、実際に町内を走りながらマイクで話しているのを10分くらい録音し、それを流すということを繰り返していたのですが、手を振って応援してくれる町民の方がいると手を振り返して「応援ありがとうございます」と言う、その声も録音されてしまい、リピートするたびにそのやり取りが流れてしまったり、他の立候補者の街宣車が来たり、他の立候補者の事務所の前を通ったりするたびに「・・・さん、がんばってください」というエールも録音されていて、その音声が流れてしまうことがあったことです。あとから考えてみると、録音のための時間を作れなかったこともないなという反省があります。これから選挙に立候補しようという方は、うまく時間を調整して、きちんと録音するとよいと思います。

②録音テープだと気づかれないか。ボリュームは大きすぎないか

この録音方式で一番心配だったことは、町民の方に録音だということがわかってしまうほど再生音がよくなかったら、選挙にマイナスになるのではないかということでした。しかし、何度も街宣車を降りて録音音声を聴きましたが、録音だとは気がつかない素晴らしい音声でした。

これとは別に他の立候補者さんに言われたことは、古谷さんの声はボリュームが小さくて街宣車の中から聞いていてもよく聞き取れないから、もう少しボリュームを上げたほうがいいよというアドバイスでした。それも、一人ではなく、二人の立候補者さんから言われたので、何度か車を降りて聞いたり、ウグイス嬢さんに自宅にいてもらってその前を通ったりしながら、音量を調整していきました。あまり大きくても、うるさくて逆効果ですし、小さすぎたら聞こえなくて意味がないので大問題です。試行錯誤した結果、家の中で窓を閉めていてもなんとなく名前がわかるくらいでよいことにしました。

③選挙運動期間中のスケジュール

⑴ウグイス嬢さんの1日のスケジュール

ウグイス嬢さんとの契約は、朝10時にウグイス嬢さんのご自宅近くの公園に迎えに行き、12時に同じ公園に降ろし、午後2時にまた公園に迎えに行き、午後5時に送るという内容でした。1日5時間の契約でお願いしました。

本来なら一人で5日間、マイクを持って行なおうと思っていましたので、とても助かりました。

本当に大事な戦友でしたので、あの素晴らしい声を枯らしたり、疲れで体調をくずすようなことがあってはいけないと思い、少しでも休めるよう、ご自宅近くの公園に迎えに行く方法を取りました。

⑵私の1日のスケジュール

私は次のようなスケジュールをこなしました。

・朝5時30分から、いつも通り、駅に立ってあいさつ

・8時に街宣車を駅につけてもらい、街宣車に乗って、皆

ウグイス嬢様のメモ 20221115

・皆様（二宮）町議会議員候補の古谷けんじでございます。
平素の御礼とご挨拶にあがりました。
しがらみの無い自由な意志で、住みやすさで選ばれる町、二宮を
目指し邁進（まいしん）してまいります。
古谷けんじ、古谷けんじをどうぞよろしくお願いいたします。

・新人候補の、古谷けんじでございます。
真摯にひたむきに、二宮をより住みやすい町に、を
全力で進めてまいります。

・真に開かれた議会を実現してまいります。（教育の町…）

「ウグイス嬢用のメモ（2022.11.15）」

さんに呼びかける
・10時にウグイス嬢を迎えに行き、正午前にウグイス嬢を送る
・12時30分にお弁当を買って、自宅兼事務所に戻る
・午後1時30分にまた出発
・午後2時にマイクで街宣しながらウグイス嬢を迎えに行き、午後5時にウグイス嬢を送る
・午後5時30分に二宮駅に降ろしてもらう。運転手にはそのまま平塚のホテルに戻ってもらい、足が明日も使えるよう、運転で疲れた体をしっかり休めてもらう
・午後8時まで、駅に立ち肉声で街頭演説をしながらビラを一人で配る
そういう5日間でした。

④たった一人で、夜の駅頭での街頭演説

他の立候補者さんは、街宣車の上の看板に光をあてる電灯がついているので、日が暮れてからも街宣車からマイクを持ってガンガンやっていました。みなさん15名の最大の人数とまではいきませんが、10名前後の陣営で選挙運動を行なっていて、とても目立つ活動でしたので、一人だけの私は、その大きな渦に巻き込まれてしまいそうでした。でも私は、夕方5時30分という一番早い時間に駅に行き、一番よい場所で選挙運動を行なっていました。疲れて帰ってこられる町民の方々の迷惑とならないように、通路をふさがず、押しつけがましくならないように気をつけて立っていました。そして夜8時まで立って、帰宅。

こうして、11月19日（土）の午後8時まで街頭に立ちました。

⑤街[redacted]車は小回りの利く小型車がよいが、乗り心地も大事

街宣車[redacted]アルファードを用意してくれましたが、このアルファードはとても乗り心地がよく、快適でした。

しかし[redacted]二宮町は道幅が狭いところが多く、アルファードのような大きな車だと入れない道がたくさんありました。[redacted]他の立候補者の方々からも、街宣車は小回りが利く小型の車のほうがいいよと何度も言われました。

でも、乗[redacted]心地はとてもよかったです。11月15日（火）から5日間、前ページのようなペースで続け、二宮町を何十[redacted]したかわかりません。

⑥証[redacted]付のビラを新聞折り込みする

あと、[redacted]記することとして、11月16日（水）の日中、朝日新聞と読売新聞の販売店に行き、１３００部のビラの折[redacted]込みをお願いしました。５日間で１６００部を配るのが到底無理なのは、朝立ちをしていてわかっていました[redacted]で、３００部を残し、告示日の次の日の16日に各新聞社に持ち込みました。

折り込[redacted]でもらう日は、11月18日（金）の朝にしました。いつ折り込んでもらうのが一番効果的なのか、初体験でわ[redacted]らないながら、あれこれ考えました。投票日の前日、19日（土）がいいかとも思ったのですが、何かの手違[redacted]で投票日の20日（日）当日に折り込まれたら大変なことになってしまうので、18日（金）の朝刊折り込みを[redacted]願いしました。

19　投票日　令和4年11月20日（日）

①投票

11月20日（日）は、朝早めに投票所に行きました。私が投票所に投票に行くとき、投票をするときにも、有権者は見ています。きちんとした服装で行こうと考えて、スーツを着て、ネクタイをしめました。小さい町なので一票で当落が決まる場合もあります。

②開票。そして当選

開票場となっている二宮駅前の二宮小学校の体育館には、午後9時ごろに行きました。1回め、午後10時の開票速報が午後10時20分に出ました。15人とも横並びで全員２００票前後でした。この時点で立候補者全員１００票を超えましたので、立候補者の供託金の没収はなくなりました。

この日は雨もけっこう降っていましたので、傍聴者は20人程度。傍聴席にいた立候補者は、私ともう一人だけでした。午後11時ごろ、2回め（10時30分）の開票速報が出てきました。全員４００票には届いているだろうと推測していましたが、一人だけ３００票の方が出てきました。私ではありません。この時点では、まだ不安でした。

二宮町議会議員選挙開票速報の一覧表。立候補者15人のうち12位なのでほめられた順位ではありませんが、地盤も鞄もない中、それなりに検討したのではないかと思っています。また、得票総数に小数点以下がついているため、わかりにくくなっていますが、これは「あん分(按分）といって、たとえば、同一の氏名・氏・名の候補者が2人以上いる場合に、その同一の氏名・氏・名のみを記載した投票は有効だという考え方で、これらの投票（あん分票）は、関係各候補者の正規の有効得票数の割合に応じて分けられます。そのため、小数点以下3桁という得票数が生じるわけです。今回の選挙ではそうした状況はなかったので、あん分票は0.000となっています。

令和 4 年 11 月 20 日 執行

二宮町議会議員選挙開票速報

				開票率(%)	100.00
A	得票総数	12,532.000	F	投票総数(D+E)	12,815
B	あん分の際切捨てた票数	0.000	G	持ち帰り	1
C	いずれの候補者にも属しない票数	0	G	不受理	0
D	有効投票数(A+B+C)	12,532.000	G	その他	0
E	無効投票数	283	H	投票者総数(F+G)	12,816
				投票者数	12,816

報告回数 5 回　集計時刻最新　確定

届出番号	候補者の氏名	得票数累計									
	集計時刻	22:00	22:30	23:00	23:30	24:00	24:30	25:00	25:30	26:00	23:50 確定
	発表予定時刻	22:15	22:45	23:15	23:45	24:15	24:45	25:15	25:45	26:15	確定後
1	一石　ひろ子	200	400	600	800	-	-	-	-	-	820.000
2	木川　和雄	200	300	300	300	-	-	-	-	-	338.000
3	はまい　直彦	200	400	600	700	-	-	-	-	-	771.000
4	渡辺　くにたか	200	400	700	1,200	-	-	-	-	-	1,280.000
5	小林　幸子	200	400	800	1,200	-	-	-	-	-	1,217.000
6	古谷　けんじ	200	400	600	600	-	-	-	-	-	673.000
7	根岸　ゆき子	200	400	700	1,000	-	-	-	-	-	1,042.000
8	善波　のぶお	200	400	500	500	-	-	-	-	-	572.000
9	岡田　こうじろう	200	400	500	500	-	-	-	-	-	529.000
10	大沼　ひでき	200	400	600	800	-	-	-	-	-	865.000
11	松崎　たけし	200	400	600	800	-	-	-	-	-	854.000
12	まえだ　憲一郎	200	400	700	800	-	-	-	-	-	826.000
13	羽根　かほる	200	400	600	800	-	-	-	-	-	853.000
14	小笠原　とう子	200	400	600	700	-	-	-	-	-	754.000
15	野地　洋正	200	400	600	1,100	-	-	-	-	-	1,138.000
	計	3,000	5,900	9,000	11,800	-	-	-	-	-	12,532.000

午後11時25分ごろ、3回め（11時）の開票速報が出てきました。この時点で、各立候補者の票がばらけました。ここで、私の当選確実がでたようです。緊張して、なんだかよくわからない夜でした。

私は、選挙事務所を開設せず、自宅を選挙事務所のようにしましたが、他の町の町長さんや町議会議員さんや議長さん、そして多くの町田市議会議員の方々が応援に来てくださいました。

ありがとうございました。大変嬉しかったです。

20　供託金について

二宮町議員選挙も、私が立候補した選挙から、供託金の制度が導入されました。

供託金とは、公職選挙法に基づいて、選挙に立候補する際に、法務局あるいは地方法務局の供託所に納める、供託しなければならない金銭のことです。なぜ選挙に供託金の制度があるのかというと、候補者の乱立を防ぐため。当選する意思のない人が売名目的等で選挙に立候補できないようにするためです。令和2年6月に公職選挙法の一部を改正する法律が成立し、交付。町村議会議員選挙にも供託金制度が導入されたのです。

町村議会議員選挙における供託金額は15万円と決められています。そして、二宮町の選挙の場合、90票以上とればこの供託金を没収、強制的に取り上げられることはありません。還ってきます。この供託物没収点とは、有効投票総数÷議員定数×1／10ですので、今回の選挙の数値を入れていくと、1万2532（人）÷14（人）×1／10＝89・5（人）。小数点以下を切り上げて、90票。選挙公営（公費負担）と同じです（90ページも参照）。

供託金に関する手続きの大まかな流れは以下の通りです。

10月11日（火）　❶事前説明会で説明を受ける。

10月14日（金）　❶横浜地方法務局西湘二宮支局に行く。法務局で書類を出すと「供託受理決定通知書」

がもらえる。

❷郵便局にこの通知書を持って行き、15万円を電子納付する。電子納付の際、通知書に記載してある収納機関番号、収納番号、確認番号の3つの番号を使用する。電子納付が終わると利用明細書が出力される。

❸利用明細書を持って法務局に戻る。

❹「供託書」という書類を受け取り、手続き終了。

12月5日（月）

❶当選する、あるいは、90票の得票数があると、二宮町議会議員選挙長管理委員会から「供託物の還付について」という通知が届く（左ページ下の書類）。

❷二宮町選挙管理委員会に行き、「供託原因消滅証明書」と「選挙終了後の供託金の取戻手続の御案内」を受け取る。

❸法務局に「供託原因消滅証明書」と「供託書」と認印を持って行き、「供託金払渡請求書」を書いて提出。

12月7日（水）

❶国庫金振込通知書が届き、自分が指定した金融機関に振込手続きをしたという通知がきて終わり。通帳を確認すると、15万円が入金されていた。

10月14日 ❹で受け取った「供託書」

供託書・OCR用　　＜記　載　例＞

□字加入□字削除

申請年月日	令和4年●月●日	供託カード番号
供託所の表示	横浜地方法務局西湘二宮支局	（　　）カードをご利用の方は記入してください。

供託者の住所氏名
住所（〒○○○−○○○○）
神奈川県△郡○○町○○番地
氏名・法人名等
法務　太郎
代表者等又は代理人住所氏名
□別添のとおり ふたりめからは別紙継続用紙に記載してください。

被供託者の住所氏名
住所（〒　−　）
氏名・法人名等
二宮町
□別添のとおり ふたりめからは別紙継続用紙に記載してください。
□供託通知書の発送を請求する。

法令条項　備考欄のとおり

供託の原因たる事実
供託者は，令和4年11月20日に行われる（予定の）二宮町議会議員選挙について，候補者として当該選挙長に立候補の届出をするため供託する。
※告示日に供託する場合，「予定の」の文言は削除してください。

□供託により消滅すべき質権又は抵当権
□反対給付の内容

備考
公職選挙法第92条第1項
官庁の名称　二宮町議会議員選挙選挙長

供託金額　億 千 百 十 万 千 百 十 円　¥150000

受理

供託者カナ氏名　ホウムタロウ

12月5日 ❶「供託物の還付について（通知）」

二議選第　4　号
令和4年12月5日

古谷健司　殿

二宮町議会議
選挙長

供託物の還付について（通知）

さきに、二宮町議会議員選挙候補者届出のために供託されたあなたの供託物は、令和4年12月5日をもって供託の原因が消滅しました。
よって、供託書を還付しますので、二宮町選挙管理委員会までお越しください。

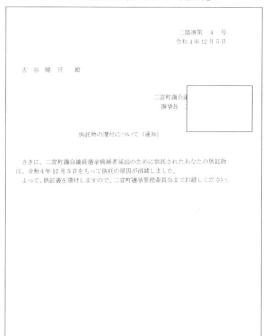

あとがき

令和4（2022）年3月31日に町田市役所を定年退職することが決まっていたので、令和元（2019）年ころから二宮町の海が見える家を探していました。物件はあまりなく、あっても土砂災害警戒区域か洪水浸水想定区域内のところが多く、すべての条件があてはまってもすぐ売れてしまい、なかなか手に入りませんでした。定年退職したら、二宮の海が見えるところで学習塾を開きたいと夢見ていたので探していたのです。この頃は海が見える家でもすごく高い値段がついていたわけでもなく、がんばれば買えそうな値段でしたが、令和2（2020）年に入ると、新型コロナが蔓延してテレワーク（在宅勤務）をする人が増加し、場所にとらわれない仕事のスタイルが流行したため、海が見えるという条件の二宮町内の家も値段がどんどん上がり、なかなか手の出せる金額ではなくなってしまいました。それゆえ、退職時期になっても家を購入することはできず、学習塾をすることもできそうにありませんでした。

そんなとき、二宮駅から近く、海が見える一戸建ての賃貸住宅が出たのですぐ不動産屋さんに電話したら、お客さんがついてしまったということで一度はあきらめましたが、1週間後、キャンセルとなったことを知り、何かの縁だと思い、その海が見える家を借りて学習塾を始めました。

私にはもう一つ夢がありました。

それは地方政治に関わりたい、若いときによく遊んだ二宮の町をもっとよくしていきたいという夢でした。

町田市役所では議会事務局に30年在籍し、延べ４００市議会（直近10年間）の視察で議会運営の講師も務めましたので、二宮町議会議員になり、その経験を活かしてみたいとも強く思っていました。そして退職後、収入が減っても生きていけるようにしておけば、町議会議員になっても何とかなるのではないかと思いました。

全国の町村議員の報酬額は平均21万円です。この話をすると、驚かれる方が多いです。この報酬額ですから、町村議員の仕事だけで生きていける条件の方は、そんなに多くはないと思います。子育て世代の方には難しいかもしれません。また、全町村議員の平均年齢は64歳で、全国にいる全町村議員1万９５０人中60歳以上が約8割です。60歳という年齢ならまだまだやれます。

60歳で一般会社を退職された方は、現役時代の経験値をぜひ地方議会に活かしてください。再雇用を終えた65歳後半から始めるより、現役を退いてすぐのほうが体力があり、知識も新鮮です。なにより、役職の階級を下げてまで会社に残る60歳より楽しんでいる自分に気がつくと思います。これは、一般会社に限らず、県市町村等に勤めていた地方公務員を退職した方も同様です。むしろ議員に近いところにいたので、地方議会議員がどのようなものか知っている分、また地方公共団体を知っている分、議員になりやすいはずです。

退職を迎えたみなさんの中で、議員になりたいという夢をお持ちの方がいるなら、この本がその手助けとなることを切に祈っています。私も、任期いっぱい、二宮町の人々の暮らしのために、地方議会のよりよい未来のために、精一杯、働きます。

令和６年５月

古谷健司

著者紹介

古谷健司（ふるや・けんじ）

1962年東京都生まれ。1985年、東京商船大学（現・東京海洋大学）卒業後、町田市役所に入庁。町田市教育委員会で、7年間、小中学校の教育に関わったあと、町田市議会事務局に異動し、以来30年間にわたり市議会の運営および議会改革に携わった。2004年、東京都議会局議案法制課に出向。2015年、町田市議会事務局長に就き、7年間、議会事務局長を務めた。「議会の住民への情報提供（情報共有）の重要性」を長年訴え、2020年、2021年の議会改革ランキングにおいて、連続で全国1位を達成。直近の10年間で、町田市議会への議会改革に関する視察依頼は350議会を越え、そのすべての講師を務めた。2022年、町田市役所を定年退職。2022年11月、神奈川県二宮町議会議員選挙において当選、現在も村議会議員として活動中。

たったひとりでも、地方議員《ちほうぎいん》になれる

2024年7月29日　第1刷発行

著　者　古谷健司《ふるやけんじ》
発行者　落合英秋
発行所　株式会社 日本地域社会研究所
〒167-0043　東京都杉並区上荻1-25-1
TEL　(03)5397-1231（代表）
FAX　(03)5397-1237
メールアドレス　tps@n-chiken.com
ホームページ　http://www.n-chiken.com
郵便振替口座　00150-1-41143
印刷所　中央精版印刷株式会社

©Furuya Kenji 2024 Printed in Japan
落丁・乱丁本はお取り替えいたします。

ISBN978-4-89022-312-1